AF370738

Madame Craven intime

(Pauline de la FERRONAYS)

PAR

EUGÈNE FLORNOY

PRÉFACE
DU
Vicomte de MEAUX
ANCIEN MINISTRE

Madame Craven intime

Madame CRAVEN

Née Pauline DE LA FERRONNAYS

MADAME CRAVEN INTIME

(Pauline de la FERRONNAYS)

PAR

Eugène FLORNOY

Préface du Vicomte DE MEAUX

ANCIEN MINISTRE

———— ✕ ————

PARIS

LIBRAIRIE DES SAINTS-PÈRES

(P.-J. Béduchaud, Éditeur)

83, Rue des Saints-Pères, 83

—

1906

Tous droits de traduction et de reproduction réservés.

PRÉFACE

Du Vicomte de Meaux

Monsieur,

Vous vous proposez de faire connaître et de faire aimer au vingtième siècle quelques-unes des plus belles âmes du dix-neuvième. Les survivants de ce siècle disparu vous sauront gré d'un tel travail, et la génération nouvelle en profitera. Il importe en effet à cette génération de recueillir l'héritage d'efforts, de vertus et d'épreuves qui lui vient du passé le plus proche et jusqu'ici peut-être le moins apprécié par elle.

Aujourd'hui vous tirez de la tombe Mme Craven née la Ferronnays. Elle le mérite ; car avec des façons de voir et de penser très modernes, elle-même, en dépeignant sa famille, a présenté sous le meilleur aspect la société qui était ancienne à son époque. Il était temps que sa propre histoire s'écrivît en France. La plus

brillante partie de sa carrière s'était écoulée à
l'étranger, et déjà deux de ses amies étrangères,
M^rss Bishop et la duchesse Ravaschieri,
l'avaient montrée telle qu'elle était apparue en
Angleterre, en Italie. Et pourtant elle était
restée Française par la promptitude et la sou-
plesse de l'esprit, par la flamme du cœur, aussi
bien que par le sang généreux qui coulait dans
ses veines. Et n'était-ce pas encore une disposition bien française que sa sympathie pour
les peuples divers auxquels elle se trouvait mêlée sans avoir même origine, sa facilité à se
familiariser avec les étrangers sans leur ressem-
bler, à les attirer sans se confondre avec eux ?
A tous les titres, il nous appartient de la
revendiquer.

Vous avez saisi, Monsieur, et mis en relief les
traits divers qui composaient la physionomie
de Mme Craven ; et même quand certaines de ses
opinions étonnaient et contristaient plusieurs
de ses vieux et fidèles amis, vous n'en avez rien
dissimulé. Vous avez dit sa rigueur pour l'Irlande, son indulgence pour l'Italie.

Ce qui la tournait contre l'Irlande, ce n'était
pas seulement sa prédilection pour l'Angleterre ;
c'était aussi le mécompte qu'elle éprouvait à
voir un peuple catholique abuser de sa liberté

reconquise, troubler le jeu des institutions parle-
mentaires après s'en être ouvert l'accès et, pour
mettre un terme à sa longue infortune, recourir
aux procédés révolutionnaires. Au temps où
je m'entretenais librement avec Mme Craven,
j'avais plus de peine à m'expliquer son indul-
gence pour l'Italie, s'attaquant, tandis qu'elle
s'efforçait de renaître, à sa seule grandeur vi-
vante : la Papauté. Mais si difficile qu'il pa-
rût d'accorder ensemble les deux sentiments, il
me fallait reconnaître que Mme Craven s'inté-
ressait à la croissance de la nation nouvelle,
sans que se refroidit jamais son amour pour
l'antique et immortelle Église. Ce qu'elle ne
cessait non seulement de souhaiter, mais d'es-
pérer et d'attendre, c'était la réconciliation de
l'une et de l'autre. Chers et inoubliables en-
tretiens ! Je n'en sortais jamais sans admirer
comme les âmes peuvent se rapprocher et s'unir,
même lorsque, à certains égards, les esprits
diffèrent et se séparent.

Vous voyez, Monsieur, à quelle époque se
reportent mes souvenirs sur Mme Craven. Je ne
l'ai pas connue dans sa jeunesse ; je ne l'ai
guère approchée que dans sa vieillesse. C'est
seulement au soir de sa vie que j'ai pu, comme
elle venait de s'éteindre, rendre témoignage.

Vous au contraire, avec les papiers qui vous ont été confiés, vous embrassez cette vie tout entière. Journal intime et correspondances variées sont venus éclaircir et compléter ce qui transpirait d'elle-même à travers le Récit d'une sœur. *Vous retracez, comme si elle s'en fût ouverte à vous, non seulement les événements, les joies et les deuils, mais aussi les idées et les affections qui ont rempli le cours agité de cette longue vie.*

Vous rendez également un compte fidèle de ses travaux ; vous appréciez le mérite et le succès de ses ouvrages, en mettant au premier rang, comme il convient, son « Récit d'une sœur » et ses « Méditations ». Un maître écrivain n'a-t-il pas dit que « plus une parole ressemble à une pensée, une pensée à une âme, une âme à Dieu, plus tout cela est beau » ? Comment donc Mme Craven aurait-elle pu jamais mieux écrire, que lorsqu'elle considérait le Dieu, maître de ses pensées, présent et comme visible au fond de son âme, ou bien lorsqu'elle envisageait les âmes les plus proches de la sienne montant de la terre au ciel et parvenant au sein de ce Dieu, l'objet de leur commun amour.

Quant à ses œuvres d'imagination, à vrai dire, elles étaient surtout des réminiscences. A *l'âge où elle avait commencé d'écrire, elle savait observer et se souvenir plutôt qu'inventer, faire vivre plutôt que créer des personnages. Fallait-il s'en plaindre, alors que de la sorte étaient représentées sans travestissements les épreuves et les vertus de la classe où l'avait placée sa naissance, que les leçons utiles étaient rendues agréables, et séduisants les bons exemples ? J'entends dire que les romans de M*ᵐᵉ* Craven, si recherchés jadis par les jeunes filles devenues aujourd'hui grand'mères, sont maintenant délaissés. Je souhaite que les lectures qui les remplacent relèvent aussi haut les cœurs et n'égarent point les consciences. Quoi qu'il en soit, il restera toujours à cette femme du monde accomplie, à cette chrétienne exemplaire, vouée, sur le seuil de la vieillesse, au métier d'auteur, le mérite et l'honneur d'avoir charmé toute une génération sans la corrompre, mais au contraire en suscitant uniquement les sentiments nobles et purs. Vous avez donc eu raison, Monsieur, de lui rendre hommage, et cet hommage est digne d'elle ; car en perpétuant sa mémoire, il prolongera le bien qu'elle a fait.*

Vᵗᵉ DE MEAUX

AVANT-PROPOS

Mme Craven écrivait, à l'occasion de la biographie qu'elle consacrait à la mémoire de Lady Georgiana Fullerton : « Il est toujours agréable d'étudier un beau caractère, et Lady Fullerton vivait dans un temps et dans un milieu si intéressants ! »

Cette réflexion peut — et plus exactement encore — s'appliquer à la vie même de Mme Craven.

Le *caractère* de notre héroïne fut passionné dans la recherche de l'idéal chrétien. Il se fortifia par la fréquentation d'esprits éminents et par l'intelligence des événements. Il grandit dans l'adversité. Il se manifesta par l'affirmation de la foi, par la pratique des vertus intimes et par une ardente propagande en faveur de nobles idées.

Le *temps*, — et elle fut longue, la période historique au cours de laquelle Mme Craven exerça son influence, — embrasse le cycle des grandes

luttes libérales qui, dans la politique et la doctrine religieuse, intéressèrent particulièrement la
France, l'Italie et l'Angleterre, et plus générale-
ment toutes les nations et toutes les consciences.

Le *milieu* était constitué par l'élite de la société européenne et par une famille dont Pie IX
aimait à dire : « Ils sont tous des saints. »

Au premier aspect, la variété de goûts, de talents, de relations de Mme Craven peut déconcerter
la critique. L'enquête, sollicitée diversement,
risque de s'égarer. L'unité de cette vie se trouve
en péril d'être méconnue. On a loué Mme Craven
pour les qualités brillantes de son style et pour
le charme discret de sa conversation. On l'a
célébrée comme la personnification de l'amour
familial ou bien comme une « cosmopolite »
éprise d'universalité. Quelques-uns l'ont qualifiée
d' « actrice de salon consommée », et d'autres de
« divinité du foyer ». Cependant un principe
unique a inspiré cet esprit et ce cœur, et les a
guidés à travers des voies en apparence diver-
gentes : le principe chrétien.

Catholique convaincue, militante, — intégra-
lement catholique : telle a été Mme Craven. Par
la parole, par la plume, par l'exemple, elle s'est
déclarée apôtre. Toute sa vie ne fut, en une
démarche constante, que l'ascension vers le

divin. Dans ses patries d'origine ou d'adoption, dans la politique comme, dans les Lettres, elle a voulu servir la cause de la Foi.

Un rayon de lumière céleste éclaira les successives expressions de cette figure.

Tout exemple de grandeur morale mérite d'être recueilli. Particulièrement en ce temps où la femme du monde souhaite de lutter pour sa croyance, il paraît opportun de rappeler par quels talents de persuasion et d'émotion, par quelle sincérité et quelle ardeur une chrétienne peut exercer son action et, pour ne pas la viriliser, sait l'envelopper de charme et de délicatesse. Cette leçon domine les pédagogies ingénieuses et les programmes hardis. Dans le commerce de Mme Craven, nos contemporaines apprendront à devenir des femmes d'élite, ou, tout au moins, à demeurer vraiment *femmes*, — ce qui sans doute, dans le cours de ce temps, deviendra un mérite assez rare.

Et puisque, encore, notre siècle est en quête de « professeurs d'énergie », on s'inclinera devant l'héroïne qui dans l'offense des événements et dans la douleur a trouvé une force plus grande. Arrachant son âme aux affections les plus vives, aux joies les plus douces, elle l'a offerte en un sanglant holocauste. Tous ceux qui connaissent la longue plainte de la vie, aimeront à entendre vibrer en cette âme les harmonies surnaturelles qui, sans étouffer le gémissement humain, célèbrent l'énergie sacrée.

Il semble que la vie de Mme Craven ait été le commentaire des paroles de Lacordaire : « Sied-il au voyageur attendu par un amour infaillible de se plaindre de la route, de maudire le sable qui le porte et le soleil qui le conduit ? »

Nous demanderons à Mme Craven la pensée chrétienne qui vivifia tant de rares qualités et les unit dans la douceur et la force.

Mme Craven a dit, il est vrai, dans la préface de *Natalie Narischkin* : « Les saints pourraient seuls convenablement se charger d'écrire la vie des saints. » Mais n'est-ce pas un acte de piété de proposer à l'admiration l'exemple des saints ? Ou plutôt n'est-ce pas le devoir du plus modeste « imagier » d'essayer de rappeler les figures d'éternelle beauté ?

E. F.

Madame Craven intime

CHAPITRE PREMIER

LA JEUNESSE.

Pauline de la Ferronnays, qui devint Mme Craven, naquit à l'étranger. Dès le berceau, Dieu marqua qu'il la voulait errante afin sans doute qu'elle étendît sa mission chrétienne à un cercle plus large.

L'émigration imposa la première des nombreuses étapes que la famille de la Ferronnays devait parcourir en tant de pays. La cause du roi était, pour les la Ferronnays, celle même de la patrie : en quittant la France ils demeuraient fidèles à l'une et à l'autre. Plus tard, aux étapes de la souffrance succédèrent celles des honneurs ; mais partout, en Allemagne, en Angleterre, en Danemark, en Russie, en Italie, ils furent citoyens de la France parce que partout ils la servirent.

Auguste Ferron, comte de la Ferronnays (1), suivit en émigration son père, lieutenant général des armées du roi, et rejoignit avec lui les princes à l'armée de Condé. C'était bien l'héritier de ces la Ferronnays dont Louis XV disait, à l'occasion de sauvetages opérés par Mgr de la Ferronnays, évêque de Saint-Brieuc : « Je reconnais là les la Ferronnays : celui-ci se jette à l'eau, comme ses frères courent au feu. » En 1802 le comte de la Ferronnays épousa, en Carinthie, Marie-Albertine de Montsoreau. Il ne rentra en France qu'en 1814. Dès 1817, il était nommé ambassadeur en Danemark, puis en 1819 à Saint-Pétersbourg. Il dirigea le ministère des affaires étrangères en 1828, et, presque au sortir du ministère, remplaça Chateaubriand à l'ambassade de Rome. Appelé par le comte de Chambord en Italie, il mourut à Rome en 1842.

Ces multiples séjours à l'étranger, les relations qu'ils créèrent aux la Ferronnays et l'ordre même

(1) La famille de la Ferronnays est originaire de Bretagne et figure parmi les plus illustres de cette province. Un de ses membres prit part à la croisade de 1248. Mgr de la Ferronnays, évêque de Saint-Brieuc au xviiie siècle, a laissé une grande réputation de piété, de charité, de vaillance et aussi de talent littéraire. Pendant la guerre de Sept Ans, le marquis de la Ferronnays, colonel d'un régiment où il comptait cinq de ses frères, se fit remarquer par des prodiges de valeur.

de pensées et de préoccupations qu'ils leur imposèrent, furent les premiers éducateurs de Pauline.
Elle se développa en quelque sorte sous divers
climats de l'esprit ; mais la patrie française, nous
l'avons dit, était toujours présente au cœur de la
famille et corrigeait par ses qualités propres les
influences exotiques.

Pauline de la Ferronnays naquit à Londres, le
12 avril 1808. Elle compta dix frères et sœurs,
dont six seulement parvinrent à l'âge adulte (1).

Les quelques années qu'elle passa en Angleterre jusqu'au retour en France, ne pouvaient
lui laisser une impression profonde ; mais plus
tard, dans le *Récit d'une Sœur*, elle dit son sentiment sur l'émigration :

« ... Le blâme et la dérision sont parfois jetés
sans mesure sur ceux qui, portant dans l'exil leur
fidélité et leur pauvreté, surent y vivre dignes
de leurs noms, indépendants et simples, inspirant
aux étrangers le respect, sans jamais implorer
leur pitié, et par tous les pays faisant honneur au
nom français... On nous pardonnera, du moins à
nous enfants et petits-enfants d'émigrés, de res-

(1) L'un de ses frères, Fernand, eut pour fils le marquis
de la Ferronnays, actuellement chef du nom. Le marquis
de la Ferronnays est député et président du Conseil général
de la Loire-Inférieure.

sentir plus de fierté que de regret au souvenir de cette époque, et d'être indulgents pour une faute politique (puisque faute il y a) qui nous a valu des exemples que tous, dans ces temps malheureux, ne reçurent pas des leurs, aussi honorables et aussi purs ! »

Le comte de la Ferronnays revint en France, en 1814, avec le duc de Berry dont il était l'aide de camp et le très fidèle compagnon. Mais le triomphe même des principes et du souverain, objets de tant de sacrifices, ne lui épargna pas une nouvelle épreuve. Cette épreuve fut l'occasion d'une haute leçon de force et de dignité morales. Un conflit, suscité par une simple question d'étiquette, s'éleva qui amena le duc de Berry à adresser de trop vives paroles au comte de la Ferronnays. Celui-ci, sans protester, s'éloigna de la cour et renonça, alors du moins, à toute situation officielle. Cependant il demeurait sans fortune. Pauline apprit ainsi la rigueur des devoirs qu'impose le respect de soi.

Lorsque le retour de la faveur royale permit au comte de la Ferronnays de représenter la France en Russie, Pauline trouva autour de l'ambassade des relations qui devaient s'affermir en amitiés durables.

Elle prit part, très joyeusement, aux fêtes qui

rendaient la cour de Russie la plus brillante de
l'Europe, et y rencontra les premiers éléments
de la connaissance approfondie qu'elle acquit de
toute la haute société contemporaine. Cinquante
ans plus tard, elle parlait encore, avec précision
et une grande vivacité d'imagination, des plaisirs, de la splendeur rencontrés en Russie.

Elle commença surtout, au cours des huit
années que dura son séjour à Saint-Pétersbourg,
à s'assimiler les idées libérales de son père. En
face même de l'autocratie, elle comprit quelles
sages évolutions doivent rattacher le passé au
présent et préparer l'avenir. Ainsi que l'a dit
le vicomte de Meaux, le comte de la Ferronnays
« rapportait de l'émigration la fidélité sans les
rancunes ; la fierté du gentilhomme l'avait préparé à l'indépendance du citoyen ». Pauline fut
l'élève de la politique qu'inaugurait l'ambassadeur et que devait bientôt diriger le ministre
des affaires étrangères.

L'entrée du comte de la Ferronnays au ministère (1827) plaça Pauline à un poste d'observa-
tion d'où elle voyait se heurter, comme en une
houle inquiétante, le courant des idées anciennes
né dans les profondeurs de l'histoire nationale
et le flot des idées nouvelles qui, soulevé par les
orages, se hâtait vers des rivages inconnus. Aux

commentaires passionnés sur la Charte faisait écho le premier cri de guerre du romantisme. L'apologétique variait ses formules et participait aux conflits des opinions philosophiques ou sociales ; la sérénité des Paroles éternelles semblait troublée par le murmure humain qui annonçait les *Paroles d'un croyant*.

Dans ce milieu ardent, cultivé, ouvert à toutes les impressions du dehors, Pauline de la Ferronnays, éprise d'idéal, habituée déjà à la variété des horizons, pressée par son imagination de rechercher les indications des temps prochains, devait affronter de bonne heure le combat de la pensée. Mais sa conversation était l'arme élégante qui ne porte pas de blessure, qui sollicite seulement le jeu plus attentif de l'adversaire. La noblesse du commerce intellectuel ajoutait aux dons naturels de sa jeunesse.

Ces dons se révélaient même par l'expression physique.

« Petite et frêle, écrit Mrs Bishop, ses grands yeux noirs, sérieux et profonds l'illuminaient quand le sentiment de la beauté matérielle ou morale s'éveillait en elle. Ils étaient son plus grand charme. Son sourire doux et spirituel découvrait les dents magnifiques qu'elle garda jusqu'à la fin de sa vie. Un critique sévère eût trouvé sans doute sa tête un peu longue pour sa taille et son nez trop aquilin. A Naples ses amies l'appelaient : « Il profilo del Dante ». Mais l'expression de son visage lui enlevait toute la sévérité de celui du poète. La grâce de sa pose et de ses gestes, sa dignité et sa distinction parfaites la rendaient séduisante au suprême degré. Sa « voix d'or » avait des intonations tour à tour vibrantes ou indignées, tendres ou sévères, d'accord avec les sentiments qui l'agitaient. Elle parlait plusieurs langues, avec une facilité prodigieuse, s'appropriant les idiomes de chacune sans les confondre. Son jugement sur toute question sociale ou morale était droit et prompt. Elle parlait vite ; mais chaque mot était choisi et bien placé. Sans aucun effort apparent, sa conversation était de l'art » (1).

(1) Les traits de cette physionomie subsistèrent presque intacts, malgré l'âge et les chagrins. La duchesse Ravaschieri dépeint ainsi Mme Craven, en 1851 : « Elle paraissait plus maigre, ses traits étaient plus accentués qu'à notre première rencontre. Les lignes marquées sur son visage par le chagrin plutôt que par le temps ne lui enlevaient pas son charme principal de haute distinction et d'intelligence, charme souvent préférable à la simple beauté de la jeunesse... Sa voix laissa dans mon oreille un son d'une douceur infinie. » Le vicomte de Meaux la décrit aux limites extrêmes de la vieillesse : «... Charmante encore sous son bonnet de veuve et ses cheveux blanchis, avec ses traits imposants qu'animait la vivacité des pensées et des émo-

Cependant ce séjour en France fut bref : une simple visite dans un brillant cercle mondain. Entre les impressions que lui avait offertes le nord et celles qu'elle allait recueillir dans le midi, Pauline de la Ferronnays faisait, comme en cours de route, une hâtive provision d'esprit français.

Une grave atteinte survenue à la santé du comte de la Ferronnays le força à donner sa démission de ministre des affaires étrangères. Au surplus, le comte de la Ferronnays prévoyait le péril proche pour la dynastie. Il ne pouvait, en présence de certaines influences le conjurer. Dès lors il résigna volontiers des fonctions qu'il n'avait pas souhaitées, qu'il n'avait même acceptées que sur l'ordre royal. Néanmoins son action diplomatique avait eu une singulière importance : elle détermina le rapprochement entre la France et la Russie.

Le tzar s'était irrité du refus opposé par la France, lors du congrès d'Aix-la-Chapelle (1818), d'intervenir en faveur de l'Espagne contre ses colonies américaines révoltées : — cette intervention eût laissé la Russie libre d'agir en Orient. Le comte de la Ferronnays, au cours

tions, son séduisant sourire, ses grands yeux dont l'âge n'avait pas éteint l'inaltérable éclat, sa mise toujours soignée, ses manières exquises, sa parole pénétrante. »

de son ambassade à Saint-Pétersbourg, avait su dissiper le mécontentement et gagner l'entière confiance du tzar. Ministre des affaires étrangères, il substitua à la politique anglophile du ministère Villèle l'entente cordiale avec la Russie. Or, le résultat de cette entente fut que la Russie, satisfaite de la paix avantageuse d'Andrinople, accorda son appui moral à la France pour la conquête d'Alger. Le comte de la Ferronnays, malgré les affinités et les sympathies qui l'attachaient à l'Angleterre, avait prévu les nécessités futures de notre politique et sacrifié à la sagacité toute préférence personnelle.

Au mois de janvier 1829, le comte de la Ferronnays partit avec sa fille Pauline pour l'Italie, demandant au climat, au repos, aux beautés de la nature et des arts le rétablissement de sa santé. Sa famille le rejoignit bientôt.

Dans ce premier voyage, Pauline de la Ferronnays prit un simple contact avec la terre d'Italie : elle n'en exhuma pas encore tous les souvenirs et n'en comprit pas tous les enseignements. Ce fut plutôt, — pendant le séjour à la villa Citadella près de Lucques, — l'âme de sa sœur Eugénie (1) qu'elle découvrit une

(1) Eugénie de la Ferronnays épousa le marquis de Mun et fut la mère du comte Albert de Mun.

intimité nouvelle s'établit qui conféra à la sœur aînée une tendre autorité directrice. « Il nous semblait être ensemble pour la première fois de notre vie », écrivait Pauline. Et Eugénie disait en riant : « C'est en 1829 que j'ai fait la connaissance de ma sœur. » Pauline initia Eugénie à la littérature anglaise et même aux plaisirs mondains qu'elle considérait comme une occasion d'affinement et de développement intellectuel.

Briller ou charmer est sans doute la condition de la vie mondaine, et l'on ne pense pas qu'une jeune fille recherche dans les fêtes un motif de mortification. Mais briller par l'esprit, charmer par la délicatesse et par la bonne grâce, non pas en coquette, fut le triomphe de Pauline. Bien plus encore qu'à elle-même, elle demandait à autrui le plaisir d'éveiller des idées. Les salons lui semblaient être le lieu d'échange de la pensée.

« Plus tard, écrit Mme Craven dans le *Récit d'une Sœur*, Eugénie eut une sorte de remords de notre gaieté d'alors. A une autre époque, jugeant les choses à la seule lumière de la foi, elle devint sévère pour ce temps d'enfantillage et de joie, et disait quelquefois qu'elle n'en aimait pas le souvenir. Pour moi, j'étais et je demeure moins scrupuleuse, et c'est un moment que j'aime toujours à me rappeler. Notre vie ensemble était si heureuse ! »

Une nouvelle surprit la famille de la Ferronnays au cours d'excursions prolongées dans le nord de l'Italie : la nomination du comte de la Ferronnays à l'ambassade de Rome.

Pauline rentra en France et passa quelques mois dans la propriété familiale de Montigny, près de Vendôme, puis à Paris. Elle se rendit à Rome en avril 1830.

Elle-même a décrit ses impressions d'alors (1) : « Je partais pour Rome où je n'avais jamais été et pour laquelle j'avais soupiré d'une façon extraordinaire depuis mon enfance. Je partais dans la plus belle saison de l'année, avec une sœur qui partageait et doublait toutes mes joies. J'allais avec ma mère rejoindre mon père et jouir près de lui d'une agréable et brillante existence dans le lieu que je préférais, avant de le connaître — comme depuis, — à tous les lieux de la terre. Pas une ombre n'obscurcissait mes heureuses pensées. Tout me semblait beau dans le présent, plus beau encore dans l'avenir, et, parmi tant d'heureux jours dont ma jeunesse fut remplie, ces jours m'apparaissent encore comme meilleurs que les autres.

(1) *Récit d'une Sœur,* tome Ier.

« Ce fut dans la nuit du 1ᵉʳ au 2 mai que nous entrâmes dans Rome. Il faisait un brouillard assez épais, que la lune perçait cependant de temps en temps. C'est à cette lueur incertaine que je vis Rome pour la première fois. Malgré cela, l'impression que me fit notre entrée par la place du Peuple fut grande..... Nous habitâmes peu de temps le palais de l'ambassade ; mais nous y fûmes bien heureux, et nos pensées s'y reportèrent souvent depuis, quoique ce premier et trop court séjour à Rome ait laissé des traces moins profondes dans notre souvenir que ceux que nous y fîmes plus tard (1). »

(1) En 1876, Mᵐᵉ Craven aimait à répéter (*Réminiscences*) son admiration pour Rome : « Il existe d'innombrables et excellentes raisons qui placent Rome au-dessus de tous les lieux de la terre, et chacun en trouvera de différentes pour le prouver, toutes aussi irrécusables les unes que les autres. Mais Rome possède en outre une propriété singulière et qu'il n'est pas aussi facile d'expliquer. C'est celle de se faire aimer exactement comme on aime une personne, parce qu'elle vous plaît, parce qu'on est bien chez elle, parce qu'elle vous comprend et vous répond, parce que, malgré des défauts saillants qui rendent sa beauté irrégulière, cette beauté surpasse, à vos yeux, toutes les autres. Que dis-je ? Elle dégoûte de tout ce qui ne lui ressemble pas. Et non seulement elle plaît, mais elle fait du bien. Elle en fait d'abord et avant tout à ceux qui entendent distinctement au fond de leur âme son grand langage religieux. Je n'ai jamais passé de longues années de suite à Rome, et je l'ai regretté. J'envie ceux dont tous les jours s'écoulent dans sa lumière ou à son ombre et qui peuvent associer à sa grande image toutes les

Dès le lendemain matin de l'arrivée, la famille de la Ferronnays se hâta vers la basilique de Saint-Pierre. L'ambassadeur voulut présider à ce pèlerinage et lui donner la gravité d'une démarche humble et chrétienne. L'émotion fut très vive. Cette émotion même, l'empressement que n'avait pu retarder la fatigue d'un long voyage, la solennité que donnait la présence du chef éminent de la famille, firent comprendre à Pauline, dès ses premiers pas à Rome, que la chaire de saint Pierre est la pierre angulaire de l'édifice chrétien universel.

Plus tard, en rédigeant ses *Réminiscences*, Mme Craven célébra les gloires de la basilique triomphale : « J'aime, oh ! oui, j'aime à prier à Saint-Pierre. Je m'y sens souvent transportée de bonheur et même d'une sorte d'orgueil qui ressemble à ce que peut éprouver le fils d'une illustre maison en entrant dans une demeure qui lui rappelle de toutes parts la grandeur de ses frères. Sans doute il est bon de ressentir *aussi* l'impression de douleur que doit causer l'exil, condition

joies et toutes les peines de leur vie. J'y ai fait toutefois de nombreux séjours, et dans chacun d'eux j'ai revu d'abord les mêmes choses, puis quelques autres ; mais jamais je n'ai tout vu. C'est un livre que j'ai toujours recommencé, sans être jamais parvenue à l'achever. »

du chrétien sur terre. Celle-là, les cathédrales du Nord la réveillent, et c'est pourquoi la prière est féconde aussi sous leurs arceaux et à l'ombre de leurs sombres vitraux ; mais ces deux impressions peuvent remplir l'âme tour à tour, sans se contrarier, et en complétant, au contraire, l'une par l'autre, l'idée catholique tout entière qui comprend à la fois la douleur et la joie, comme elle partage l'année en jours de fêtes et en jours de pénitence. »

L'audience accordée à la famille de la Ferronnays par le pape Pie VIII donna à Pauline une confiance suprême en l'avenir de l'Eglise. La prudence et la science de Pie VIII triomphaient alors, au cours d'un pontificat très bref, de difficultés moindres que celles qui devaient assaillir plus tard la Papauté. C'était une ère de paix. Pauline en garda une vive impression : « Le jour où pour la première fois, en 1830, mes parents me conduisirent au Vatican pour y être admise en présence du pape, était un de ces jours plus rares dans la vie que je ne l'imaginais alors, où l'on se trouve heureux absolument et sans restriction aucune. J'étais jeune, assez pour ne pas prévoir que l'heure présente peut s'obscurcir, pas assez pour ne pas goûter dans toute leur étendue les jouissances qu'elle m'apportait... Tandis que je montais l'escalier du Vatican, j'avais la sensation de marcher sur des nuages dorés. Je me souviens, entre autres, qu'à cette époque (au commencement de 1830), le mot « Révolution » avait pour moi un sens purement historique. La chose elle-même ne me paraissait pas plus appartenir au temps qui était le mien, que les croisades, les trêves de Dieu ou les combats en champ clos ; et je me demandais souvent alors comment on avait fait pour vivre dans ce temps-là. »

La visite des catacombes inspira à notre héroïne une page devenue célèbre, dont nous n'extrairons que quelques traits d'âme caractéristiques, ceux qui s'affirmeront jusqu'à la mort : « J'ai visité les catacombes, et l'impression que j'ai reçue et que je conserve est, grâce au ciel, plus vive et plus profonde qu'aucune de celles que m'ont laissées les monuments et les ruines que j'ai contemplés à Rome avec le plus d'admiration. Je sens maintenant, avec reconnaissance, que mes émotions les plus fortes sont causées par ce qu'il y a de meilleur en moi, et je remercie Dieu d'avoir créé mon cœur capable de sentir ce que jamais mon imagination ne m'a fait éprouver... J'ai honte d'avoir éprouvé autre chose que de l'envie pour ceux qu'a abrités ce sombre séjour. J'ai pensé alors à moi même avec confusion, j'ai rougi en pensant que j'étais chrétienne comme celles qui, jeunes et faibles comme moi, oubliant qu'il y avait du bonheur sur la terre, n'ont, dans ce lieu, demandé à Dieu que la gloire d'y mourir pour lui. J'ai comparé mes prières avec les leurs, et je les ai trouvées bien indignes. Dans ce moment, j'ai désiré partager leur sort ; j'ai dit du moins sincèrement dans mon cœur que j'achèterais volontiers une partie de leurs vertus au prix de tout mon bonheur en ce monde, et j'ai demandé à Dieu que cette prière ne fût point l'effet d'un enthousiasme passager, mais qu'il la rendît sincère et durable... Je venais de sentir des transports qu'aucun moment de ma vie ne m'avait fait comprendre. Je les devais à la religion dans laquelle j'ai eu le bonheur de naître, et j'avais besoin de remercier Dieu et de lui demander que toute ma vie fût l'expression de ma reconnaissance pour lui (1). »

(1) Au mois de mars 1858, Mme Craven visita les catacombes de Saint-Calixte en compagnie de Jean-Baptiste de Rossi, le célèbre archéologue chrétien. Par l'érudition ses souvenirs s'avivèrent et se complétèrent : « Lorsque (il y a vingt-huit ans) je vins à Rome pour la première fois, je fus très émue en visitant ces mêmes lieux (ou du moins des catacombes voisines), et ce fut là, à cette époque, une de mes impressions les plus profondes. Au premier moment

La prière de la jeune fille fut exaucée. Le temps vint où Mme Craven connut les catacombes de la vie : elle parcourut les longues années où ne brille plus le soleil du bonheur, où le deuil et la solitude accueillent le pèlerin fatigué. Mais, alors encore, elle découvrit dans l'horreur sacrée les symboles chrétiens qui marquent la force, promettent l'espoir, exigent l'immolation. Elle aussi, avec la pierre des tombeaux, érigea l'autel du sacrifice. Mme Craven demeura fidèle à la promesse ardente de sa jeunesse ; ainsi qu'elle l'avait souhaité dans la visite des catacombes romaines, elle conquit, par la souffrance et par la foi, quelque part de la vertu des martyrs.

L'épreuve n'allait pas tarder. Mais Rome confère des dons de force. La Révolution de 1830 brisa la carrière du comte de la Ferronnays, ou plutôt l'ambassadeur associa volontairement sa

elle se réveilla aujourd'hui avec la même vivacité, et je me sentis transportée à ce temps brillant et heureux dont tant d'années déjà me séparent. Mais ensuite j'en ai ressenti une tout autre, parce que, au lieu d'être, comme jadis, livrée à ce que me suggérait mon imagination, à une époque où j'étais fort ignorante, nous avions cette fois un guide qui éclairait pour nous, par sa parole, tous les objets dignes de notre admiration... Bien loin cependant de modifier mes impressions de jeunesse, cette visite n'a fait que les confirmer en les développant davantage et en donnant plus de réalité pour moi à cette vie de Rome souterraine et chrétienne. »

démission à l'exil de son roi. Il renonça définitivement aux honneurs dans la ville même où
toute grandeur humaine s'est écroulée pour former, par des ruines, le piédestal de la Croix.

Pauline supporta vaillamment le coup qui dis-
sipait son rêve le plus cher.

« Je repris assez vite ma bonne humeur, dit-
elle, et surtout la résolution de ne pas me laisser
abattre par ce revers de fortune, ni d'augmenter,
par la moindre tristesse, celle que mon père ressentait, pour nous plus que pour lui, et pour la
France plus encore que pour lui ou pour nous. »

Comme le palais de l'ambassade que l'on dé-
meublait, l'existence de la famille de la Ferronnays, dépouillée de ses espoirs, semblait ouverte
à la venue du hasard. La Providence amena la
maladie. Deux jeunes sœurs de Pauline, Olga et
Albertine, tombèrent malades à Naples, et la famille s'établit en cette ville.

« Nous imaginions, écrit Pauline, que notre sort
ressemblerait à celui de nos parents pendant
l'émigration, c'est-à-dire qu'il serait voisin de la
misère, et nous faisions nos projets en conséquence. Eugénie disait qu'elle pourrait enseigner
la musique, et moi je me trouvais capable d'être
gouvernante de très jeunes enfants. » Cependant une vie plus facile et même très fêtée

s'offrit aux jeunes filles. Elle n'excluait pas les graves pensées qui surgissaient naturellement dans ces âmes d'élite : « Nous parlions souvent de Dieu et de l'autre vie. Il m'est doux de penser que, même alors, ces sujets-là étaient rarement absents de nos discours, quoique, bien souvent sans doute, ils eussent pour objet le plaisir de la veille et celui que nous nous promettions pour la soirée. »

C'est alors qu'un frère de Pauline, Albert, — le héros du *Récit d'une Sœur*, — commença de manifester les sentiments de piété et l'élévation morale que la plume de Mme Craven devait plus tard immortaliser. La vie brillante le rendait anxieux ; il souhaitait la solitude pour fortifier sa volonté, l'étude pour discipliner son esprit. Et l'austérité précoce de ce frère particulièrement aimé, était, comme les scrupules d'Eugénie qui se reprochait tout plaisir mondain, un doux enseignement pour Pauline. Le commerce avec l'humilité craintive de ces deux âmes apportait le plus sûr correctif à l'extériorité brillante qui eût facilement séduit Pauline : celle-ci, au surplus, voyait Dieu en tous ses dons, et, à la manière de saint François d'Assise, bénissait la Providence pour toute joie. Son âme sanctifiait le plaisir, et consacrait pieusement les fleurs cueillies dans les parterres de la vie.

Bientôt (janvier 1832) Albert de la Ferronnays rencontra à Rome Alexandrine d'Alopaeus. La merveilleuse histoire d'amour de ces deux êtres d'élection est trop connue en ses détails, trop vulgarisée par les cinquante éditions du *Récit d'une Sœur*, pour supporter la banalité d'un résumé. Mais nous rappellerons que Mme Craven n'a pas seulement présenté au monde catholique le récit de cette surnaturalisation de l'amour ; elle fut l'amie, la confidente de ces âmes que la sienne égalait. C'est à elle qu'Alexandrine, avant même son mariage, écrivait : « Oh ! on ne peut pas aimer de vraies sœurs plus que je ne vous aime ! » Il semble que, comme en certains tableaux de sainteté de jadis, l'auteur ait peint son propre portrait dans ce groupe familial où elle célèbre la grâce divine et le charme humain. Elle est bien de cette phalange presque sacrée qui sanctifiait l'amour terrestre en l'absorbant dans l'éternel amour.

Elle-même, Pauline devait, peu après Albert, former une union qui, voulue par le cœur, se fortifia par l'affinité intellectuelle et donna un public témoignage de haute vie chrétienne. La conversion au catholicisme de M. Craven, aussi bien que celle d'Alexandrine, manifesta la particulière bénédiction de Dieu sur ces mariages.

Entre de tels époux il y eut plus que des serments humains ; la gratitude pour le bienfait de la foi ajouta en quelque sorte plus de divin au sacrement lui-même. Les cœurs s'unissaient pour obtenir, par une commune recherche, le don de la vérité, et la vérité communiqua l'éternité à l'amour.

CHAPITRE II

Qu'une la Ferronnays épousât un étranger, une catholique ardente un protestant, le préjugé et la piété pouvaient en être déconcertés. Il n'y avait cependant ni imprudence, ni illogisme de la part de Pauline. Une intime fréquentation de la société anglaise avait montré à Mlle de la Ferronnays que les individus ne sauraient être responsables des divergences internationales. Il lui semblait, à juste titre, que l'élévation des pensées et la paix des cœurs peuvent planer au-dessus des frontières. Enfin elle comprenait que l'aristocratie étrangère offre souvent à la française la conformité des sentiments. Si M. de la Ferronnays avait combattu la politique anglophile, sa famille et lui-même n'avaient pas motif d'écarter des relations personnelles dont, aux jours de l'exil, ils avaient apprécié la loyauté et la cordialité.

M. Keppel Craven réunissait, à Naples, un

cercle recherché où les la Ferronnays rencontraient un accueil digne d'eux. Son fils, Augustus Craven, ancien officier, alors attaché à la légation anglaise à Naples, avait une large érudition, une perfection exquise d'éducation. Pauline trouvait donc et dans la personne et dans le milieu une exacte correspondance à ses goûts.

La question religieuse présenta plus d'obstacles. M. de la Ferronnays et M. Keppel Craven, également zélés pour leurs croyances confessionnelles, les considérèrent tout d'abord comme un empêchement à l'union souhaitée par les jeunes gens. Pauline, au contraire, avec l'intuition du cœur, comprenait que l'âme délicate et généreuse de celui qu'elle avait distingué, s'ouvrirait aisément à la vérité ; elle sentait que l'intimité du conseil favoriserait l'œuvre de conversion. Puisqu'elle avait conquis M. Augustus Craven à l'amour humain, elle prétendait le conquérir à la foi catholique. Elle voulait être, non pas seulement une compagne, mais un guide, et donner le concours de son propre effort aux vues providentielles. Haute pensée que Dieu suscita sans doute, puisqu'il en permit la très rapide réalisation, mais qui pouvait inquiéter la prudence paternelle.

L'attitude très nette, très ferme, de M. Augustus Craven ne fut pas sans mérite. Elle risquait de le priver de l'héritage paternel, et aussi de lui fermer toute carrière gouvernementale, de lui infliger une sorte de déchéance sociale, dans un temps où l'Angleterre ne voyait encore dans la force renaissante du catholicisme qu'un motif de crainte, de regret et même de colère. M. Augustus Craven le comprenait : devenir le fiancé de Mlle de la Ferronnays, c'était déjà s'acheminer en néophyte vers le seuil de l'Eglise catholique.

Par amour et par droiture de conscience, il affronta le triple péril familial, politique et mondain. La noblesse et l'énergie de ces sentiments vainquirent la résistance de M. Keppel Craven.

Le mariage fut célébré à Naples le 28 août 1834, dans la chapelle du palais Acton (1).

---

(1) Quelques mois auparavant le 17 avril, Alexandrine d'Alopaeus avait épousé Albert de la Ferronnays. C'est également à Naples, dans la même chapelle et par le même prélat, que ce mariage avait été bénit. Les fiançailles de Pauline participèrent au bonheur d'Alexandrine et d'Albert. « Le temps des épreuves n'était pas encore venu, écrivait plus tard Mme Craven, lorsque, peu de jours après le mariage d'Albert et d'Alexandrine, nous les rejoignîmes dans la charmante maison où ils nous avaient précédés à Castellamare. Cet été même fut peut-être le plus heureux de notre vie ; mais, sans le savoir, nous étions parvenus au point

Huit jours après, M. et Mme Craven se prosternaient aux pieds de Grégoire XVI, et la Ville sainte recevait bientôt l'abjuration de M. Craven. La marche avait été rapide vers cette vérité que la jeune femme s'était promis d'offrir à son mari comme le premier but de l'union de leurs cœurs.

Dans une lettre qu'elle adressait le 23 septembre 1833 à Alexandrine, Pauline de la Ferronnays avouait l'*émotion du cloître* qu'elle avait ressentie chez des Religieuses à l'occasion de la première communion d'Olga : « Lorsque la porte du couvent s'est refermée sur nous, il m'a semblé que nous nous retrouvions dans un monde effrayant, agité, tandis que la paix, la joie et tout ce qu'il y a de doux ici-bas restait derrière ces murs. » Mais en relatant cette citation dans le *Récit d'une Sœur*, Mme **Craven** ajoute : « C'est ainsi que se terminait ce passage

culminant du bonheur, et c'était pour la dernière fois en ce monde que nous nous trouvions tous réunis ensemble. Ah ! nous étions tous parfaitement heureux dans ce moment-là. Le bonheur d'Albert et d'Alexandrine nous semblait un présage et une garantie du nôtre ; le nôtre complétait le leur .. Nous étions, hélas ! au sommet ; mais il faut convenir que ce sommet était doré, et que si jamais on a pu dire d'un bonheur qu'il était trop grand, trop complet, on a pu le dire du nôtre alors !... C'est pendant cet été et au milieu même de cette gaieté, qu'Eugénie me disait souvent : « Oh ! ma chère, que la vie est jolie ! Que sera alors le ciel ? La mort vaut donc mieux que tout cela ? »

de mon journal en 1833, non pas que j'eusse la moindre vocation de me faire Religieuse ; mais alors, comme toujours, il me semblait que les créatures les plus heureuses et les plus satisfaites de ce monde devaient évidemment être celles auxquelles Dieu inspirait l'heureuse volonté de vivre pour lui seul, et l'heureuse faculté de n'aimer que lui. » Ainsi Mme Craven, si elle n'était pas appelée à la vocation conventuelle, cherchait dans le mariage à mieux aimer Dieu en l'aimant, si nous osons le dire, à deux.

Pouvait-elle comprendre autrement le mariage, elle qui précisait le caractère religieux de l'amitié fraternelle quand elle disait à Alexandrine : « Sois sûre que nous serons sœurs un jour et que nous prierons ensemble dans les *mêmes églises*. »

Cette ardeur de conviction n'avait, d'ailleurs, rien de mystique : elle ne comprimait pas les tendresses humaines Elle fortifiait plutôt l'étreinte des âmes.

L'émotion qui troubla la famille de La Ferronnays lors du départ de M. et de Mme Craven pour Rome, traduit une vivacité exceptionnelle d'affection. Eugénie écrivait à Pauline : « **Mon bon ange**, je vais mieux ; depuis deux jours je n'ai pas pleuré. Je t'aime : est-ce permis de le faire autant ? C'est presque de l'adoration. Alexandrine vient de me mettre ton portrait sous les yeux, cela m'a fait recommencer. Je ne suis pas bien encore. Ta chère figure, tes yeux, oh ! reviens vite que je les revoie. Mon cher Auguste, dans trois semaines, pas davantage, n'est-ce pas ?... Mon père me charge de te dire qu'il a baisé vingt fois ton portrait dans la journée, qu'il t'aime et qu'il te bénit. Et ma mère ! elle est si triste !... mais elle t'aime, oh ! *quanto !* Elle est si tendre ! Elle est si bonne !... »

En transcrivant ce fragment de lettre, Mme Craven ajoute : « Ma mère !... Oh ! Eugénie avait raison, elle nous aimait tous tendrement ; mais s'il y avait dans son cœur une légère prédilection pour l'un de ses enfants, je crois que c'était pour moi, et, de mon côté, il me semble aussi que je l'ai aimée avec plus d'épanchement encore que les autres, avec une admiration plus vive, surtout une confiance plus illimitée. Cette confiance avait été telle, dès mon enfance, que je ne pouvais lui cacher la moindre pensée pour une heure, et je me souviens que lorsque j'avais quinze ou seize ans, et qu'elle allait dans le monde le soir sans moi, il m'arrivait souvent de lui écrire tout ce qui m'avait passé par l'esprit en son absence, et d'attacher cette espèce d'examen de conscience sur la pelote qui était sur sa toilette, afin qu'elle pût le trouver et le lire en rentrant. Je n'aurais pas pu m'endormir tranquillement si j'avais cru qu'elle ignorait une seule de mes pensées. Cette circonstance suffit pour faire comprendre ce qu'elle était; car il n'est pas beaucoup de mères (même parmi les meilleures, je le crois) auxquelles leurs filles éprouvent ainsi le besoin d'ouvrir leur cœur en entier. Pour mériter une telle confiance, il ne suffit pas d'une bonté, d'une sagesse, d'une tendresse ordinaires, et il ne dépend pas de la fille, même la plus soumise et la plus tendre, de ressentir ce sentiment qui fut la bénédiction et la sauvegarde de ma jeunesse. Il tient à celle qui l'inspire, non à celle qui l'éprouve. Ma mère ! Quand je pense qu'elle est maintenant là où nulle humilité ne peut lui ravir la gloire, où nulle abnégation ne peut la soustraire au bonheur, où chaque vertu a sa récompense, chaque souffrance sa félicité proportionnée, il y a des moments où je me sens transportée de joie et où il me semble que je suis consolée et presque heureuse de vivre sans elle ! »

La fille, la sœur, capable d'inspirer de si vives tendresses et d'y répondre par une si complète réciprocité, n'avait-elle pas reçu mission divine de toucher et de sanctifier l'âme d'un mari ?

Plus atténuées sans doute, mais toujours conquérantes seront les sympathies que Mme Craven va, au cours d'une longue existence, multiplier dans les milieux les plus divers, et dont nous verrons l'influence s'exercer pour la défense des idées chrétiennes.

CHAPITRE III

Dès le mariage commence ce que l'on pourrait appeler la vie publique de Mme Craven, nous voulons dire la participation aux idées qui passionnent l'opinion, la fréquentation des groupes influents, ou, plus précisément, la propagande de sa propre et personnelle pensée.

Pauline de la Ferronnays avait, de bonne heure, connu le pouvoir dirigeant des salons. Très jeune, elle perçut, au delà des formules banales, de l'étiquette, des concessions courtoises, le combat qui se livrait à l'horizon politique et intellectuel. Mais alors elle recevait des impressions, elle ne les échangeait pas, ou du moins elle réservait à l'intimité familiale les premières confidences d'un esprit curieux et sagace. Si elle trouvait un vif plaisir à explorer les abords du champ clos mondial, elle estimait messéant d'y pénétrer hardiment. Elle se contentait de *voir*, ou plutôt elle regardait vers

Dieu, tout en écoutant les propos humains. Elle n'apportait pas encore de contribution à la défense des causes qui, intimement, lui étaient déjà chères.

Devenue la femme d'un diplomate, appelée à occuper un rang et à commander une déférence qu'il convenait de rendre utiles, elle prit part sans timidité aux grands débats de son temps. Ce fut alors pour elle plus que la satisfaction d'un goût, plus qu'une vocation : ce fut un devoir.

Cependant Mme Craven ne s'érigea pas en femme politique, pas davantage en prédicante : peut-être, pour ce motif, exerça-t-elle une influence plus efficace, plus réelle que les triomphes apparents d'un apostolat prétentieux. Par la douceur et la bienveillance, elle inspira la confiance qui ouvre les esprits et touche les cœurs ; elle sut louer souvent et ne maudire que rarement ; elle expliquait, raisonnait, discutait, mais n'imposait pas, hors les cas où les vérités de la foi étaient engagées, l'intransigeance de doctrine qui exaspère la contradiction ou oblige à la retraite. Charme suprême de la femme plus victorieux que la force des principes et la rigidité de la dialectique !

Mme Craven avoue implicitement le singulier

prestige par lequel ses interlocuteurs étaient subjugués, lorsqu'elle constate la bienveillance unanime dont elle fut l'objet : « Dans ce monde où se commettent tant d'offenses mutuelles, j'ai ce rare bonheur qu'en jetant un regard rapide sur le passé et le présent, le souvenir d'aucune offense dont j'aie été l'objet ne me revient. Il me semble avoir vécu dans une atmosphère de bienveillance et n'avoir rencontré partout que des gens non pas trop sévères, mais trop bons pour moi. »

Qu'est-ce à dire sinon que cette sympathie universelle dont elle se louait, était le prix de sa propre bonté ? On peut vraiment lui appliquer cette parole du P. Monsabré : « Habituée à voir Dieu de son côté aimable, elle lui empruntait tout ce qu'elle voyait en lui. » Elle-même disait : « Ce n'est pas l'amour qui est surnaturel, mais la haine, sentiment étranger au cœur humain. » Et ailleurs : « La bonté... cette adorable vertu dont, en avançant dans la vie, on voit grandir l'image au détriment de toutes celles qui ont plus d'éclat. »

La bonne grâce, la condescendance, enveloppèrent de modestie la pensée de Mme Craven, et atténuèrent volontairement le rôle éminent que son mérite aurait pu revendiquer. Quoique ayant connu tous les secrets ressorts de la politique contemporaine, elle ne semble pas y avoir porté la main ; discrète confidente ou même conseillère d'hommes placés à la tête des nations, elle ne s'est affichée l'Egérie d'aucun d'entre eux. Sa personnalité féminine en acquiert un plus grand charme, et ceux qui s'effraient des prétentions du féminisme aux affaires publiques, l'en loueront avec gratitude.

Néanmoins, cet effacement nuit aux investigations de l'histoire. Le biographe retrouve difficilement les traces précises de cette influence si volontiers acceptée. Une lumière douce et diffuse estompe cette physionomie et la prive du relief qu'on lui voudrait donner.

En nulle circonstance on ne voit Mme Craven s'imposer à la manière de Mme Roland ou de Mme de Staël. Cependant elle est partout où son siècle pense, souffre et s'agite. On ne peut entendre que dans la correspondance et le Journal de Mme Craven l'écho des hommes et des événements. Même par la plume, du moins dans les œuvres qu'elle destinait au public, elle n'aimait pas à affronter les exposés doctrinaux ; elle estimait sans doute que la simplicité de ton, la cordialité des relations conviennent seules à la femme du monde.

Elle préférait noter les impressions d'âme, les

émotions du cœur et les interpréter dans un sens d'enseignement chrétien pour elle-même et pour autrui. C'est Dieu qu'elle cherchait dans la pensée humaine, Dieu dont elle bénissait la main miséricordieuse ou sévère dans l'évolution des événements. Elle ne jugeait les hommes que dans la mesure de leur fidélité à correspondre au plan qu'elle croyait être le plan divin.

De là cette constante élévation du style, ou littéraire ou épistolaire, qui est la caractéristique de Mme Craven, élévation qui n'excluait pas le tour pittoresque ni même la liberté d'allure ; de là aussi, sans doute, cette aménité incomparable de conversation qui a si vivement séduit ses contemporains. Elle regardait très haut, elle voulait le bien intégral, désintéressé ; dès lors elle ne se heurtait pas aux contingences, elle apercevait à peine les petitesses individuelles, ne s'étonnait pas des divergences qu'elle supposait toujours loyales, prêtait à chacun la générosité de son propre élan. Elle ne remarquait chez le contradicteur que l'idée et ne s'en prenait qu'à celle-ci.

Cependant ni l'humilité chrétienne ne rendait hésitantes ses opinions, ni la bienveillance ne la faisait renoncer aux affirmations nécessaires.

Une idée particulièrement fut directrice de ses

convictions et la trouva toujours fidèle au poste
d'attaque ou de défense, dédaigneuse de toute
capitulation : *l'idée libérale*, dans le sens chrétien, mais très moderne, du mot. C'était, avons-
nous dit, un héritage paternel et devenu familial.
Le libéralisme des la Ferronnays était respectueux
du passé, de ce passé de la France catholique
auquel ils se rattachaient par de si longues et
fortes traditions d'honneur, de participation au
pouvoir et de sacrifice. Mais ce respect du passé
n'excluait pas la confiance dans l'avenir, l'acceptation des évolutions de la pensée. Les la
Ferronnays n'étaient pas de ceux qui, semblables
au vieillard assis sur le seuil de l'antique demeure,
voient, avec une mélancolie chagrine, les peuples
cheminer sur la grand' route de la vie. Ils ne
consultaient pas la chronologie pour apprécier la
valeur d'une doctrine. Dans les exemples des ancêtres ils cherchaient surtout les leçons de l'activité utile ; ils apprenaient, par eux, comment on
collabore efficacement aux événements et grâce à
quelle prudente hardiesse on les dirige plutôt que
de les subir. Le mot de Chateaubriand pouvait
être leur devise : « On ne cloue pas le temps au
passé. »

Albert de la Ferronnays l'écrivait, en février
1835, marquant avec une poétique précision la

dualité du regret et de l'espoir qui partageait ses pensées en face du destin nouveau des nations :

« Génération de transition, ne tenant déjà plus au passé et ne faisant pas encore partie de l'avenir, nous sommes placés sur une montagne d'où nous voyons d'un côté l'horizon coloré des teintes brillantes du soleil couchant, tandis que de l'autre se lève déjà une aurore fraîche et nouvelle. Pour moi, je m'oublie souvent, perdu dans les pensées qui m'assiègent, à ce spectacle que rien ne peut rendre ; et parfois une triste rêverie s'empare de moi lorsque je songe à l'adieu qu'il faut dire à ce passé poétique dont les monuments attestent tant d'enthousiasme, de désintéressement et d'amour, à ce passé dont les richesses vont disparaître dans la société qui va commencer et au sein de laquelle tout s'unira, se simplifiera et s'égalisera. »

Mme Craven, elle aussi, aristocratique de goûts autant que de race, chef-d'œuvre de culture ancestrale et personnelle, tenait par les racines de l'être au passé brillant et majestueux, délicat et affiné. Cependant elle avait la passion de vivre utile, active, non en solitaire, mais, selon les vues de Dieu, avec son siècle et ses contemporains. Elle écoutait volontiers les voix qui venaient des lointains de l'avenir ; elle leur demandait sincèrement ce qu'elles pouvaient annoncer de grand et de noble aux peuples inquiets.

Montalembert, Gerbet, Salinis, n'étaient-ils pas, à des titres divers, les commensaux de son âme ? Lamennais, le Lamennais qui, aux premiers jours, avait projeté une si vive lumière, évoquait un souvenir anxieux ; elle le voyait, lui vivant encore, comme un grand mort que recouvre l'horreur d'un tombeau sordide.

Mais la première pensée du solitaire de la Chesnaye, — si on la dégage des exagérations et des prétentions dogmatiques, — ne promettait-elle pas un baptistère nouveau offert par l'Eglise aux nations ?

Le conflit soulevé par les doctrines du journal l'*Avenir*, avait été une initiation pour le jeune esprit de Pauline, — une initiation à la souffrance que commandent les grandes causes, mais surtout à l'humble et inébranlable fidélité au Saint-Siège. Elle avait vu avec joie les « pèlerins de la liberté », Lamennais, Lacordaire, Montalembert, soumettre leurs espoirs au Pape. Mais aussitôt que le programme nouveau sembla inquiéter l'orthodoxie, elle se réfugia, sans amertume ni regret, en la seule volonté du Pontife.

Au moment où l'abbé de Lamennais manifesta la première velléité de résistance à l'arrêt du Saint-

Siège (1833), Albert de la Ferronnays conjura, en une lettre émouvante, son intime ami le comte de Montalembert de ne pas répondre à l'appel de Lamennais qui le mandait à Paris : « Ami chéri, au nom du ciel , ne retourne pas en France en ce moment ; sonde l'abîme où tu te précipiterais, et songe qu'une fois parti, le retour te serait peut-être impossible... Les paroles que vous [Lamennais et Montalembert] avez jetées dans le monde sont peut-être envoyées du ciel, mais tout vous porte à croire que c'est assez. Si elles sont vraiment nées de Dieu, elles fructifieront et brilleront un jour de tout l'éclat de la vérité. Nous ne sommes peut–être pas encore mûrs pour recevoir les bienfaits qu'elles doivent nous assurer. Frémissons à la vue des malheurs que trop de zèle pourrait enfanter. Tremblons d'horreur à la vue d'un schisme et serrons-nous au pied de la Croix, base de l'Eglise, non pour la saper mais pour la chérir et pour la défendre. »

Il terminait ainsi : « Mes sœurs et Alexandrine te disent tout ce que peut inspirer la plus vive amitié. Je ne puis t'exprimer leur effroi à la pensée de te voir aller à Paris ! »

Dans une autre lettre à laquelle il joignait quelques mots de Pauline, Albert élargissait le débat : « Incompatibilité de la liberté avec la religion, c'est-à-dire division d'une même âme ! Est-ce possible ? Oh ! non, ce sont de vaines terreurs Liberté veut dire la croix, et **Dieu** l'a plantée pour être le foyer du genre humain. Regarde les progrès toujours croissants de cette liberté depuis sa descente du ciel. Elle a grandi, grandi, mais sa marche est lente parce qu'elle veut la foi dans tous les cœurs. Ne la croyons donc pas morte parce qu'elle n'avance pas au gré de nos désirs... Non, mon ami, loin de nous les coupables terreurs ! Que nos cœurs soient remplis de joie ! Je vois le doigt de Dieu dans la halte que la cour de Rome vous impose. Laissez à ceux qui sont jeunes le temps de vous rejoindre, et vous reprendrez votre marche. Songez que le feu dont vous brûlez les éclaire à peine encore » (1).

(1) Les alarmes de la famille de la Ferronnays au sujet de la soumission de Montalembert étaient d'ailleurs injustifiées : elles provenaient de la fausse interprétation d'une seule lettre. Montalembert s'en étonna, s'en scandalisa presque, et rappela que lui-même avait énergiquement donné à Lamennais les propres conseils qu'Albert développait si éloquemment. Cependant l'intimité qui liait l'ardeur et la confiance juvéniles de Montalembert au génie dominateur de Lamennais était telle que l'on pouvait craindre un entraînement irraisonné du cœur, une pitié excessive de Montalembert pour l'angoisse de l'ami, du chef de l'Ecole. Lacordaire partageait avec les la Ferronnays cette crainte. Et comme Lamennais s'était, en apparence du moins, soumis à l'Encyclique *Mirari vos* qui condamnait les doctrines de l'*Avenir,*

Pauline, jeune fille encore, avait déjà pour Montalembert une amitié presque tutélaire ; son admiration à l'égard de Lamennais devenait crainte et colère quand l'intégrité de la foi était menacée. Ainsi la première épreuve qui assaillit

le disciple pouvait, sans rébellion au Saint-Siège, demeurer fidèle à son maître, mais la fréquentation était dangereuse. La pensée de Lamennais s'obscurcissait et présageait la foudre. Lorsque parurent les *Paroles d'un Croyant*, l'Encyclique du 7 juillet 1834 condamna formellement leur auteur. Montalembert se résigna alors à sacrifier l'amitié la plus tendre, la plus respectueuse, à la foi : de Pise, en décembre 1834, il envoya son adhésion à l'Encyclique. Il était à ce moment, près d'Albert et d'Alexandrine de la Ferronnays. Plus tard il aimait à répéter que ces âmes si hautes et si dégagées des conflits humains avaient adouci, sinon déterminé, le sacrifice nécessaire. Celui que n'avait pas encore entraîné l'éloquent appel de Lacordaire, s'était laissé persuader par la douce influence des la Ferronnays.

Un autre ami intime de la famille de la Ferronnays, et qui fut toujours le conseiller le plus écouté de Mme Craven, — l'abbé Gerbet, — donna, lui aussi, en cette occasion, un grand exemple d'énergie morale. Il combattit, sans hésiter, ce Lamennais qu'il avait tant aimé. Pauline put entendre l'abbé Gerbet dire cette parole qui résume tous les devoirs : « Je tombe à genoux, offrant à Dieu pour Lamennais des prières dans lesquelles il n'a plus de foi, et je ne me relève que pour combattre dans l'ami de ma jeunesse l'ennemi de tout ce que j'aime d'un éternel amour. »

On raconte que, vers 1850, M. Craven, probablement à l'instigation de sa femme, invoqua le désir de s'intéresser à une famille nécessiteuse, pour aller visiter Lamennais, alors parvenu à la vieillesse. Au souvenir des la Ferronnays, le vieillard pleura : la rébellion de l'apostat n'avait pas endurci le cœur de l'ancien ami.

son esprit, le révéla clairvoyant, fort et soumis.

Les idées de la famille de la Ferronnays étaient novatrices, mais elles demeuraient fermement, indéfectiblement catholiques, nous oserons dire papales, et, en un certain sens, *ultramontaines ;* elles évoluaient, dans leur orbe très large, comme des satellites autour de l'astre de la Papauté. Certes, la rencontre, à Rome (1831), avec les défenseurs de l'*Avenir*, l'abbé de Lamennais, l'abbé Lacordaire et le comte de Montalembert, avait eu bien des charmes et des séductions ; mais la voix du Pape fit taire toute préférence humaine. Du charme de la première rencontre subsista la tendre intimité de Montalembert avec Albert et Pauline : cette intimité se traduisit par une correspondance échangée pendant quarante années entre le cher « Montal » et Mme Craven. De la séduction, subsista chez Pauline la passion, poussée peut-être jusqu'à l'illusion, de la liberté : cette passion fut tenace ; elle s'essaya, nous le verrons plus tard, à résoudre les plus complexes problèmes.

Le libéralisme de Mme Craven, lorsque, en dehors des questions proprement religieuses, il s'appliquait aux solutions politiques, était plus rigide, plus intransigeant que celui de Montalembert lui-même. Une lettre, écrite de Florence en

1860, montre Mme Craven disputant contre son ami en faveur de la liberté italienne. Cette lettre est doublement curieuse : elle prouve la fidélité inébranlable de Mme Craven à ses principes, mais aussi l'excès de générosité qui lui dissimulait, sous la grandeur apparente des aspirations populaires, le jeu perfide des ennemis de l'ordre. Elle rêvait d'une fédération italienne sous l'hégémonie du Pape, d'une théocratie libérale. L'avenir donnera-t-il raison à ces élans d'une foi que rien ne troublait, à ces hardiesses de visions que le présent ne réussissait pas à déconcerter ? En tout cas, Lacordaire le dira tout à l'heure, la soumission au pouvoir papal n'avait rien à redouter de ces pensers nouveaux.

Mme Craven soumit au comte de Montalembert cet audacieux programme :

« Je ne puis être qu'entièrement sincère avec vous, et pour cela je me crois obligée de vous dire que je suis convaincue de la solidité et de la réalité du mouvement national qui dirige la nouvelle Italie. Je crois sa formation possible, et j'espère la voir ; mais, comme dit le P. Ventura, il lui faut le *pardon* et le *baptême* de *l'Eglise*. Je souhaite que de ce parti qui, d'abord en France, puis dans le monde entier, a proclamé la nécessité de l'union entre la religion et la société

moderne, sorte une voix qui défende la cause
italienne avec une conviction capable de saisir
l'importance de l'argument. Un tel homme, ou
de tels hommes, s'ils apparaissent, seront peut-
être appelés révolutionnaires. Mais vous tous
qui en 1830 avez rendu un si utile service à l'E-
glise, n'avez-vous pas été traités de même ?
N'étiez-vous pas comme ceux que vous condam-
nez aujourd'hui en blâmant l'Italie et en l'endur-
cissant dans sa tentation de chercher la justice et
de la trouver auprès d'hommes qui, aimant
comme nous la liberté, n'aiment pas également
l'Eglise ? Oh ! mes amis, ne m'imposez pas cette
croix ! Puisque je vous ai ouvert mon cœur,
laissez-moi vous dire tout ce que je pense. Il est
impossible de ne pas sentir et de ne pas croire
fermement que le pire danger pour cette Italie
serait de reculer. Dans l'explosion d'une douleur
(qui serait générale), elle pourrait tomber dans
des excès qui, je dois vous le dire, n'ont pas été
commis pendant les dix-huit mois qu'a duré cette
révolution. Il me semble que son seul mauvais
côté (sa rébellion contre l'autorité du Pape) n'atteint pas la foi spirituelle de ceux qui sont le plus
à blâmer, mais qui sont moins affaiblis qu'on ne
le croit en France. Si Dieu suscitait le moyen
de réveiller dans les cœurs italiens l'amour de

l'Eglise catholique, sans lui demander le sacrifice de ses aspirations nationales, il serait écouté par un peuple, à genoux. Bref, ce que vous me disiez un jour de l'Angleterre, est mille fois plus vrai encore pour l'Italie. Oui, elle a besoin de l'Eglise, et l'Eglise a besoin d'elle. Que Dieu bénisse ceux qui entreprennent de les réconcilier, qu'il augmente leur nombre, et les cherche parmi ceux que je désire voir de leur côté. Je m'arrête effrayée de mon audace... »

Un mois plus tard, elle précisait encore : « Je ne vous cacherai pas, comme aux autres en général, que devant la force morale de ces plébiscites, conduisant l'une après l'autre les villes italiennes à une réunion en un seul royaume, je ne puis m'empêcher d'espérer que le « gran rifuito » de ces provinces perdues pourra enfin venir de Rome, ce qui augmentera considérablement le pouvoir du Pape. »

On lui témoignait peu de gré de ces sentiments, et elle confiait à la duchesse Ravaschieri : « Si vous saviez quelles lettres cruelles je reçois de mes vieux et chers amis d'au delà des Alpes et quel chagrin j'éprouve d'être si sévèrement jugée et si peu comprise parce que je sympathise avec votre pauvre Italie nouvelle ! »

Mme Craven s'ouvrit de ses scrupules de catholique et de libérale au P. Lacordaire : « Malgré les dangers et les souffrances qu'elle impose, je crois que la liberté est le seul pouvoir salutaire et capable de guérir les maux de notre temps... Dieu seul mesure ce que je souffre quand la vérité s'impose à moi de cette façon et que je me sens irrésistiblement entraînée du côté opposé aux traditions de ma jeunesse. Oui, le côté opposé ! je suis obligée de le dire. Par ce que je vois maintenant et ce que j'ai vu avant, je comprends que revenir au passé (ce qui ne pourrait avoir lieu que par les armes) serait la plus grande calamité qui pourrait tomber sur ces provinces et sur l'Eglise. »

Le Père Lacordaire rassura la conscience de Mme Craven : « J'ai lu votre lettre avec le soin et l'attention qu'elle mérite pour vous-même et pour ce qu'elle contient. Je partage entièrement vos idées excepté sur un point : l'unité de l'Italie. Jusqu'à présent je n'avais pas pensé qu'elle fût possible ni même désirable, si ce n'est en réservant une partie du territoire italien pour le Saint-Père. Ce que vous me dites me porte à croire le contraire en gardant toujours cependant ce qui appartient de droit au Pape. Je ne puis rien écrire de précis là-dessus maintenant. Tôt ou tard, les événements éclairciront ce qu'il y a d'obscur pour le moment dans cette grande question... En tout cas, votre opinion dans ces questions ne me paraît pas devoir troubler votre conscience. C'est le sentiment d'un esprit libéral et chrétien. Pendant trente-six ans de mon existence, j'ai trouvé ma force et ma consolation à ces mêmes sources. Si notre ami de Montalembert ne reconnaît pas, dans les événements d'Italie, un véritable progrès (exceptant toujours ce qu'il y a de mauvais) dans ce qui nous a paru au bénéfice de l'Eglise, c'est à cause de son aversion profonde pour le gouvernement français. »

Nous n'entrerons pas dans le fond de ce débat : il n'a plus qu'un intérêt de curiosité historique. Le fait brutal s'est substitué aux hypothèses. Et ce n'est plus au conseil humain que l'Eglise peut, en cette question, demander les longs espoirs .. Sans marquer dans quelle mesure l'ardeur de l'enthousiasme a nui à la perspicacité de Mme Craven, nous reconnaîtrons seulement que si la libérale voulait l'Italie libre et même une, la catholique voulait plus encore la Papauté grandie et respectée. La conscience chrétienne demeurait indemne ; seule la claire vision des réalités était compromise par la rigueur de la thèse.

Encore convient-il d'ajouter qu'en ces temps

où l'action des sociétés secrètes se dissimulait habilement sous de prestigieux aspects, où la lutte politique de l'irréligion contre les soutiens de la foi n'affectait pas le cynisme que nous lui connaissons aujourd'hui, — l'illusion était peut-être permise à des âmes trop confiantes dans un noble idéal et portées à attribuer à autrui leur propre loyauté. Mme Craven était Française, bien Française, avons-nous dit : elle partageait tous les entraînements de notre race pour *l'idée* et aussi notre trop facile dédain du péril. Disposition d'esprit qui compromet la précision des solutions, mais non dépourvue de grandeur.

L'événement détruisit l'illusion. Après la bataille de Mentana, Mme Craven s'écrie : « Les erreurs de l'Italie prennent la tournure d'un crime sérieux. Jamais le terrain ne s'est dérobé comme à présent sous les pieds de ceux qui ont voulu prendre son parti. Garibaldi blesse par ses armes et outrage la conscience catholique par ses paroles... Après ce qui est arrivé à Mentana, Victor-Emmanuel et les Italiens devraient être reconnaissants aux journaux pontificaux et aux soldats français d'avoir empêché Garibaldi et ses volontaires d'accomplir contre Rome l'expédition équivalant à un suicide et à un parricide... »

Si la question romaine l'intéressait surtout en raison des conditions nouvelles d'existence que la politique pouvait imposer à la Papauté, Mme Craven devait éprouver encore une émotion très profonde, plus contenue, et celle-là exclusivement religieuse, lors des discussions qui précédèrent la proclamation du dogme de l'Infaillibilité.

L'opinion de Montalembert qui avait inquiété Mme Craven lors des affaires de *l'Avenir*, puis dans le débat sur l'unité italienne, préoccupa également l'amie du grand militant à la veille des décisions du concile. Montalembert était mourant. Mme Craven, avant de se rendre à Rome, au printemps de 1869, eut avec lui un dernier entretien qu'elle résuma ainsi : « Je puis dire, me trouvant parfaitement d'accord avec lui, que l'union de l'Eglise et de la liberté, toujours redoutée en Europe, s'accomplirait cependant quand on la comprendrait tout à fait en Italie. Il me dit, entre autres, sur le concile des choses qui m'étonnèrent beaucoup... »

Mme Craven arriva à Rome assez perplexe. Cependant le respect des décisions futures du concile, quelles qu'elles dussent être, et aussi l'aversion pour toute discussion dépassant le cercle de l'intimité, enfin l'aménité même de son caractère lui interdirent de prendre une attitude combative. Elle écoutait, se renseignait avec un soin extrême. Elle éprouvait bien quelque émotion au spectacle de la violence de certaines attaques. Mais elle ne prit pas place officiellement parmi les « chefs de camps ». Dès son retour à Rome, elle accueillit indistinctement, à ses réceptions du vendredi, les protagonistes des deux partis.

« Vendredi dernier, écrivait-elle, au mois de janvier 1870, Mgr Mermillod et Mgr de la Bouillerie, tous deux partisans de la définition, ont rencontré ici l'évêque de Marseille, un évêque hongrois, Mgr Haynald, et le fameux évêque de Bosnie, l'admirable orateur latin, Mgr Strossmayer, qui a soulevé une telle agitation au concile, — tous du parti opposé. De part et d'autre, ils se sont élevés dans les plus hautes régions, car leurs âmes sont éclairées et leurs intelligences puissantes. »

Par ses relations personnelles comme par son culte libéral, Mme Craven se trouvait évidemment portée du côté de la minorité ; cependant elle avait l'horreur du gallicanisme. L'ultramontanisme était pour elle un dogme tandis que l'opportunité de la définition lui paraissait simplement contestable : de là, incertitude et anxiété.

Au surplus, c'était, à ses yeux, « affaire divine »,
et elle entendait surtout demeurer fille très humble de l'Eglise.

Elle souffrait de ces discordes. Amie de la
paix et de la tolérance, elle attribuait à ces
conflits doctrinaux, même pour l'avenir, une
portée plus grande qu'ils ne devaient en avoir.
La rudesse des attaques et des ripostes qu'échangeaient les combattants, la désobligeait comme
une sorte d'anarchie dans le domaine de la foi.
Son génie très doux comprenait mal que la vérité
jaillit du choc des opinions ; que la grandeur du
but nécessite l'énergie de l'effort ; qu'enfin l'âpreté
même de certaines discussions est la preuve
de la sincérité, de la loyauté réciproque qui les
suscite. Mme Craven eût souhaité voir la vérité
surgir dans la calme splendeur d'une aurore.
Mais c'est après l'orage que la lumière apparaît
plus pure... Toute l'histoire de l'Eglise en témoigne. La souffrance, la lutte, le sacrifice, sont les
seules conditions de l'ascension humaine : ces
conditions, Mme Craven les acceptait généreuse-
ment pour elle-même, elle n'en percevait pas
aisément la nécessité dans le débat théologique.

Ce fut surtout la virulence du parti adverse
qui, vers la fin du concile, la fit s'attacher plus
vivement à la thèse de Mgr Dupanloup : elle

éprouvait le besoin de réagir contre certaines intransigeances. Quelques défenseurs de l'idée qui allait triompher l'irritaient beaucoup plus que l'idée elle-même.

Elle essayait néanmoins d'enfermer l'angoisse en son cœur. Elle cherchait dans les sermons prêchés alors par Mgr Mermillod « une consolation à ses peines intimes », dans une retraite de huit jours suivie au couvent du Sacré-Cœur, « une vie spirituelle au-dessus de ces voix du monde catholique si agité ».

La mort de Montalembert, si douloureuse pour son amitié, lui apporta la certitude que ce grand chrétien « avait accepté d'avance tous les décrets de concile, quels qu'ils fussent » (1).

Après avoir écrit, le 27 juin 1870 : «... Bref, ce

---

1. Mme Craven aima, par la suite, à rappeler sans cesse cet acte de soumission de Montalembert qui, bien que prévu du reste, ajouta la splendeur de la foi intégrale à l'éclat du talent, et fut, autant que le génie du mourant, une leçon pour le monde catholique. — Lorsqu'elle présenta aux lecteurs du *Correspondant*, en 1872, la *Vie de Montalembert*, écrite par une Ecossaise, Mrs Oliphant, Mme Craven précisa, en quelques mots ce que doit être la *conviction* d'un catholique. « L'auteur semble croire, dit-elle, — et c'est une erreur — que nous ne basons pas notre foi sur la conviction. Cependant elle a trop bien étudié notre croyance pour ne pas savoir que son fondement même est notre conviction immuable, que la vérité divine nous parle par l'autorité et la voix de l'Eglise. »

grand point m'agite encore une fois J'essaie de l'oublier afin de me rendre l'obéissance plus facile quand le temps en sera venu ; mais il s'impose à la pensée *en dépit de soi-même* », Mme Craven, un mois plus tard, donna son adhésion sans réserve au dogme nouveau. L'aveu même qu'elle fait de sa souffrance, l'ardeur de la flamme qui avait brûlé plus vive avant de s'éteindre, attestent le mérite de l'entier renoncement :

« Oui, cela a été un coup et une épreuve auxquels je n'étais pas préparée parce que je m'étais persuadée que cette doctrine était fausse. Sur ce point, je vois que je m'étais trompée. Quand j'examine ce qui m'attachait si fortement à ceux qui s'y opposaient, je vois que c'est principalement la façon dont elle était défendue... Pour nous, nous devons combattre ce sentiment avec humilité et simplicité, et nous soumettre à l'E-glise maintenant qu'elle s'est fait entendre... Que l'Eglise fondée sur Pierre soit la véritable, — c'est absolument certain. Obéissons-lui aveuglément quand elle nous parle distinctement... Mon devoir est de me soumettre et de forcer mon orgueil et mes opinions à reconnaître que mes antagonistes avaient raison et que mes amis avaient tort... »

De cette épreuve passagère, la fidélité passionnée de Mme Craven à la Papauté s'accrut encore, comme la crainte d'un dissentiment familial aussitôt écarté redouble l'affection. Plusieurs années après la définition, Mme Craven parlait ainsi du Pape de l'Infaillibilité :

« Nommer Pie IX, c'est faire plus que prononcer un nom cher et vénéré, c'est réveiller une image qui pendant plus d'un quart de siècle a rempli le cœur et l'imagination des catholiques à un degré inconnu jusqu'à lui... Il inspira à toute une génération ce respect tendre, dévoué, passionné, qui fut un sentiment à part, et, j'oserai le dire, un sentiment personnel et nouveau que n'avait inspiré aucun de ses prédécesseurs, même les plus illustres ou les plus saints, et auquel ses ennemis eux-mêmes ne purent se soustraire... »

« Rien n'égale dans mes souvenirs l'éclat incomparable qui environnait la présence du Pape à l'heure même où l'Italie, plus insensée encore qu'impie et téméraire, se préparait à venir substituer sa petite royauté à celle qui n'était que le reflet de cette autre grandeur dont aucune souveraineté du monde n'a jamais pu supporter sans préjudice pour son honneur et pour sa propre importance le trop imposant et trop auguste voisinage. »

Le filial attachement à la Papauté comme

certitude, le culte de la Liberté comme idéal, · telles furent les seules *directrices* de la pensée de Mme Craven dans la triple crise des affaires de l'*Avenir*, de l'unité italienne et du Concile.

Et si, en quelques moments, cette pensée demeura perplexe, ce fut l'inquiétude du pèlerin qui, errant à travers la Ville éternelle, cherche la voie la plus directe vers le Vatican et la basilique de Saint-Pierre.

CHAPITRE IV

Mme **Craven** aimait dans l'Italie l'évocatrice des plus hautes pensées religieuses et des impressions de l'art ou de la nature : particulièrement elle demandait à Rome l'attrait des souvenirs, à Naples le charme des horizons reposants. Sa pensée s'épanouissait, se colorait au soleil d'Italie.

A la France, aux chères demeures familiales de Boury, de Lumigny, elle était attachée par le cœur.

L'Angleterre où elle fit de si fréquents séjours, lui donnait le *confort* de l'esprit. Mme Craven écoutait, réfléchissait, analysait dans cette société anglaise avisée et raisonnable ; elle concentrait sur son entourage l'attention que dispersaient les séductions de la nature méridionale. Si de ce milieu elle recevait moins d'émotion, elle lui demandait plus de psychologie. Ce n'était plus le

sol trépidant, volcanique, des agitations italiennes, mais le *home* anglais, le salon discret où,
sauf en de rares conflits, des pensées modérées
échangeaient un accueil courtois. Mme Craven se
reposait, dans cette sérénité mondaine, des luttes
de l'esprit et de la douleur morale.

« Son mariage avec M. Augustus Craven, remarque le vicomte de Meaux, l'attacha par un
lien indissoluble à l'Angleterre, et bientôt elle
étendit à cette patrie nouvelle l'ardente et invin-
cible affection que son mari avait su conquérir.
Pourquoi le taire ? De ce côté-ci du détroit, parfois nous lui reprochions d'être devenue, dans sa
façon de penser, par trop Anglaise ; parfois il
nous semblait que, jusque dans sa façon de
parler et d'écrire, la langue anglaise avait déteint
sur sa langue maternelle et en altérait la pureté
native. Pendant ce temps, les Anglais admiraient
en elle et goûtaient à son école l'esprit français.
A vrai dire, elle formait un trait d'union entre
les deux peuples, ou plutôt entre les deux races. »

Née en Angleterre, mariée à un Anglais,
elle discernait aisément le mérite et la variété
du type que trop souvent le Français ne sait pas
dégager de certaines apparences communes à la
race.

« Au premier abord, écrit-elle, la froideur, la

réserve, une sorte de timidité qui résiste, chez beaucoup d'Anglais, à l'âge et parfois les accompagne jusqu'à la fin de leur vie ; certaines habitudes universelles, certains goûts que tous semblent posséder au même degré, et ce cachet extérieur qui, quel que soit leur âge, leur rang ou leur sexe, marque leur nationalité d'une façon si caractéristique : tout cela peut faire penser d'abord qu'ils se ressemblent tous. Mais lorsque l'on vit davantage au milieu d'eux, lorsque l'on commence à les bien connaître, on s'aperçoit au contraire qu'il n'est pas un lieu de la terre où les individualités soient plus tranchées et plus diverses, et, bien loin de rencontrer plus qu'ailleurs des types qui se répètent, on découvre qu'en Angleterre personne ne ressemble à personne, et que c'est le pays par excellence de l'originalité. Les goûts, les caractères, les dispositions diffèrent probablement tout autant en d'autres pays : mais la liberté de les manifester n'est nulle part aussi grande. Elle n'existe en France que par exception, et il faut l'âge ou quelque autre droit acquis pour avoir celui de se soustraire à la loi commune de l'usage, de l'étiquette ou de l'habitude. En Angleterre, chacun prend sa vie à peu près comme il l'entend dès le début. Au sein même de ces familles de huit ou dix frères et sœurs que l'on y rencontre si souvent, il n'est pas rare de trouver non seulement des tendances et des opinions différentes, mais une façon de les manifester originale et tout à fait inattendue. Ces diversités deviennent plus frappantes à mesure que le cercle de ceux que l'on connaît s'étend un peu au delà de ce grand monde qui se réunit chaque année à Londres et dont les traits apparents diffèrent fort peu de ceux du même grand monde en tous pays. »

Ainsi, très personnels et souvent subtils se présentaient à Mme Craven les hommes d'Etat ou de doctrine, les femmes grandes par le cœur ou brillantes par l'esprit : à tous, comme une souveraine qui, le sourire aux lèvres, préside aux réceptions de la cour, elle donna un témoignage d'affection, de sympathie ou au moins d'indulgence, et, s'en faisant aimer, elle put les mieux connaître.

La reine Victoria elle même subit ce charme conquérant Elle fit demander à Mme Craven tous ses livres, puis, s'apercevant que deux ou trois volumes avaient été oubliés, elle renouvela sa demande Elle exigea même, avec une flatteuse insistance, que l'auteur inscrivît son nom en hommage. La reine remercia par une lettre autographe. Dès lors les relations se poursuivirent, toujours plus confiantes, et, si nous l'osons dire, intimes. M. Craven y contribua en publiant la *Vie du prince consort*, et aussi Lady Georgiana Fullerton qui, amie très tendre de Mme Craven, jouissait de la faveur royale.

On vit, à Bournemouth, Mme Craven recevoir les feuillets d'un manuscrit que la reine lui envoyait au fur et à mesure qu'ils sortaient écrits de sa main : on ne savait qu'admirer le plus de la simplicité de la reine ou de sa piété qui faisait oublier qu'elle n'était pas née catholique.

Cette question des croyances religieuses de la reine Victoria préoccupa fort Mme Craven comme elle inquiétait l'opinion de la cour. Une anecdote témoigne de la franchise avec laquelle on avouait cette inquiétude.

Un jour, — un samedi soir — comme le premier ministre d'alors, lord Salisbury, se préparait à quitter Sa Majesté à Balmoral, la reine lui dit : « J'espère que Votre Grâce fera la sainte Cène avec moi demain. » Lord Salisbury ne crut pas manquer de respect en répondant : « Malheureusement non, parce que je ne suis pas de la même religion que Votre Majesté. »

En réalité, il semble que la reine Victoria n'a pas abjuré le protestantisme, mais elle s'était fait une religion personnelle qui se rapprochait plus de l'illuminisme allemand que de l'anglicanisme.

Néanmoins Mme Craven entretenait de grandes espérances sur la conversion finale de la reine au catholicisme. Ces deux femmes qui avaient de commun une égale droiture de conscience, priaient beaucoup l'une pour l'autre. Quelles grâces secrètes Dieu a-t-il accordées à la sincérité de ces prières? L'égalité dans le recours au Divin fut, en tout cas, la touchante caractéristique de cette amitié entre souveraine et sujette.

Lord Palmerston, qui s'honorait de recevoir fréquemment au château de Broadlands Mme Craven, lui fit une impression bien peu d'accord avec la légende dont le célèbre ministre fut l'objet et la victime. Mme Craven appréciait ainsi l'homme d'Etat si diversement jugé. :

« J'ai retrouvé Lord Palmerston toujours le même, c'est-à-dire infiniment autre que sa réputation, je serais presque tentée de dire *au dessous* d'elle ; mais c'est véritablement *différent* qu'il me paraît plutôt que *moindre*. Il n'est pas un grand chef de parti, comme ses amis le représentent et comme sa position peut le faire croire ; et il n'est pas non plus le génie malfaisant que la plus grande partie de l'Europe veut voir en lui. Il n'est d'aucune façon un génie, car il n'a aucune espèce de grandeur. Ce qui en approche le plus dans son caractère, c'est cette imperturbable bonne humeur qu'aucune ombre n'altère, qu'il soit au pouvoir ou dans l'opposition, triomphant ou battu, attaqué à outrance ou loué à l'excès. Il est toujours le même, toujours capable de rendre justice à ses adversaires, jamais aigri contre eux, jamais même impatienté…. Indifférent à l'opinion qu'on a de lui, persévérant, actif, infatigable, sincèrement libéral et voulant la liberté pour tous; quoique partisan des réformes, aimant toutes les vieilles coutumes de son pays et aussi peu novateur imprudent que routinier obstiné, il a l'intelligence ouverte et prête à comprendre les vrais besoins et les vrais désirs du peuple anglais. Maître de sa parole, sachant être clair, éloquent, enjoué, entraînant, suivant l'auditoire auquel il s'adresse, il n'est pas d'orateur qui se fasse mieux comprendre de tous… Ce sont là, je crois, à peu près toutes les qualités et les dons qui lui valent, en Angleterre, la grande popularité dont il jouit. Mais parmi ces qualités plusieurs lui sont inutiles lorsqu'il s'agit des autres pays; quelques-unes même se transforment et deviennent dangereuses vis-à-vis des étrangers : son indifférence pour l'opinion ressemble alors souvent à du mépris; son goût pour la liberté le fait passer pour révolutionnaire. Il n'écrit pas non plus comme il parle, et, chose assez extraordinaire, il lui échappe moins de paroles immodérées dans la chaleur d'un discours qu'il n'en écrit, à tête reposée, dans une dépêche. Enfin tandis qu'en Angleterre il est presque toujours maître de ceux auxquels il s'adresse, parce qu'il les connaît mieux que personne, son ignorance à l'égard des étrangers est extrême, et cet esprit si libre vis-à-vis de ses compatriotes se montre imbu des plus vives et des plus étranges préventions lorsqu'il s'agit des autres. Cela seul suffit pour faire comprendre quelques-unes de ses erreurs et aussi l'aversion qu'il inspire au dehors... »

Dans les réceptions qui se donnaient au château de Broadlands, Mme Craven rencontra M. de Persigny.

« Un jour, dit-elle, j'ai eu une conversation singulière avec M. de Persigny. Contre mon attente, je ne le trouve nullement déplaisant. C'est l'homme le plus naturel que j'aie jamais rencontré dans le grand monde. Il pense juste quelquefois, et souvent aussi il pense faux, ce qui arrive à beaucoup d'autres. Mais ce qui, je le crois, n'arrive qu'à lui (surtout parmi les ambassadeurs), c'est de penser tout haut sans avoir l'air de se préoccuper le moins du monde de l'effet que peuvent faire ses paroles et des conséquences qu'on peut en tirer. C'est ainsi que, le jour dont je parle, il me dit tout d'un coup devant deux ou trois de ses collègues étonnés : « Ce qui affaiblit l'Empire, voyez-vous, c'est de n'être pas soutenu par les légitimistes. Si l'empereur m'écoutait, il ne songerait qu'à les ramener à lui, car un gouvernement est toujours faible lorsqu'il est combattu par les plus honnêtes gens du pays. »

« A côté de cela, il nous a tenu, à diverses reprises, un vrai langage d'illuminé. Il est, de plus, constamment en distraction et a souvent l'air de parler sans avoir la moindre conscience du lieu où il se trouve. Toutefois il donne l'impression d'être sincère. Malgré ses fantaisies étranges qu'il a une si grande facilité à communiquer, il est libre d'esprit et n'a aucun violent dénigrement pour ses adversaires Enfin sa conversation est curieuse et m'amuse. »

Nous citons ces « portraits » parce que, outre le mérite pittoresque et l'intérêt anecdotique et historique qu'ils présentent, ils témoignent de la perspicacité de Mme Craven. Avec un art aimable elle pénétrait des pensées individuelles qui s'essayaient à devenir des pensées nationales. Ses préférences personnelles ne la rendaient ni injuste ni crédule.

Charles Gréville fut, pendant quarante-quatre ans, l'un des deux secrétaires du Conseil privé ; il joignait à un talent littéraire réputé la qualité d'arbitre de la fashion. Avec lui, avec son frère, Henry Gréville, et leur sœur, Lady Ellesmere, Mme Craven prenait intérêt à étudier l'âme de la société même la plus mondaine, de celle qui, par son apparente futilité, semblait ne pas mériter une enquête psychologique : elle n'était pas dupe de la féerie des salons et cherchait la pensée intime des figurants de ce prestigieux théâtre. Beaucoup, comme Henry Gréville, lui confiaient leurs inquiétudes religieuses, ou lui révélaient le trouble de leurs consciences.

Comment on appréciait Mme Craven dans la société anglaise, lady Drogheda nous le dit : « ... J'appris à la connaître et à l'aimer comme une sainte. Elle a disparu maintenant, cette chère et brillante société. Il n'y avait personne comme Pauline Craven. Je pense à elle avec une tendresse que rien ne peut exprimer. » Et M. Grenfell : « Je la vis beaucoup... N'importe où nous nous rencontrions, nous reprenions la conversation où nous l'avions laissée, chacun prenant le plus vif intérêt aux affaires politiques sur lesquelles

Mme Craven donnait toujours une opinion éclairée, solide et pondérée. Elle ne parlait jamais d'elle-même, n'avait ni égoïsme, ni gallicisme... »

« Les splendeurs et les résultats de sa foi, déclare Mrs Kemble, étaient tellement vivants dans son âme, qu'elle éprouvait le désir de faire partager aux autres ses convictions profondes. »

Elle-même s'instruisait et s'enthousiasmait à l'exemple du patronage social qu'exerçaient certains membres de l'aristocratie anglaise. Cette large tutelle et les résultats de concorde et de force nationales qu'elle produisait, inspiraient une admiration jalouse à notre Française. Tout en louant la générosité et la sagacité de lord et de lady Ellesmere qui consacraient leur fortune à la bienfaisance, Mme Craven songeait à la France : le contraste l'angoissait.

« La récompense terrestre ne fut pas refusée à lord et à lady Ellesmere, dit-elle, et il leur fut donné d'exercer leur action au milieu d'une population intelligente et reconnaissante des bienfaits reçus. Ce sont là des paroles qu'on ne peut écrire en France sans que les souvenirs les plus amers ne viennent ajouter au poids de nos tristesses. De tous les maux de mon pays, celui qui me semble le plus décourageant, c'est la *méconnaissance des bienfaits et la haine du bienfaiteur* ;

c'est là ce qui fait, en tant de lieux, préférer l'étranger, l'inconnu, l'aventurier, au propriétaire voisin dont la présence est un bienfait, l'ignorant au savant, l'incrédule au croyant ; c'est là enfin le sentiment qui a atteint son apogée sanglant par le massacre des religieux et des pauvres frères qui venaient de se dévouer, corps et biens, aux fils et aux pères de leurs assassins... »

Ces lignes, écrites au lendemain des crimes de la Commune, sont toujours d'actualité. Ne marquent-elles pas encore la profonde divergence de Constitution sociale en chacune des deux nations ? L'une est forte par ses assises séculaires qui se supportent, s'étayent sans s'écraser ; l'autre demeure mobile comme le sable, faite d'individualisme que soulève une tempête d'anarchie.

Le zèle religieux de certains protestants n'était pas sans enseignement pour Mme Craven. Au chateau de Broadlands, habité jadis par lord Palmerston, on vit se réunir en *retraite fermée* deux cent cinquante protestants hommes et femmes, et de toute condition. Lady Harriet Cooper, belle-fille de lord Palmerston, les avait conviés à des exercices de piété en commun qui durèrent plus de huit jours et qui, paraît-il, furent édifiants. Ce rapprochement des classes, cette vie commune entre gens si dissemblables étaient un exemple de frater-

nité religieuse encore inconnu dans la hiérarchi-
que Angleterre. Sans doute le choix des prédica-
teurs (un ménage américain, M. et Mme Smith), la
facilité donnée aux auditeurs d'exprimer en impro-
visations ardentes leurs impressions personnelles
font songer aux manifestations actuelles de l'*Armée du Salut*. Cependant, dit Mme Craven : « N'est-
ce point là un spectacle extraordinaire? Et quelque
erronée que soit à nos yeux la méthode employée
pour atteindre le but poursuivi, n'est-il pas vrai
que cette foule altérée de foi, de charité, d'union
plus intime avec Dieu, semble digne de l'intérêt
de tous ceux qui sur la terre savent croire, aimer
et prier? » (1)

Mme Craven ajoute encore : « Le sacrifice, la
mortification et tout ce qui, dans la piété, la charité ou l'abnégation, dépasse les bornes du devoir
ordinaire, appartient à cette idée de perfection
révélée au monde par le catholicisme. Dans cette
voie ce sont les nôtres qui ont marché devant : nul
ne peut y entrer sans les imiter ou les suivre et
sans répudier à chaque pas les principes au nom
desquels la Réforme a envahi les monastères et
cherché à anéantir la vie religieuse. »

---

(1) C'est dans ce même esprit que le cardinal Manning
approuvait, non pas les procédés, mais les intentions de l'*Armée du Salut*.

Le *mouvement d'Oxford* et l'ébranlement qu'il communiqua au protestantisme anglais, passionnèrent Mme Craven. Son cœur d'apôtre s'émut à l'espoir du retour des frères séparés. Bien des obstacles encore les éloignaient d'elle; mais, par la charité chrétienne, les sympathies personnelles, les relations mondaines, ils étaient déjà si proches de ce cœur !

Cependant Mme Craven ne s'illusionna pas. L'évolution d'idées qui aboutit au ritualisme lui parut être, comme la faveur nouvelle dont jouissait l'architecture gothique ou romane en Angleterre, une réminiscence, tout au plus un hommage respectueux au passé longtemps dédaigné, mais non pas une manifestation de foi éclairée. Elle apprécia la question de forme qui se posait, mais n'en fut pas dupe; elle y vit seulement un motif de réflexion et d'étude pour les hommes de bonne foi, et qui pouvait ouvrir une voie nouvelle vers la vérité. Elle attendit que cette vérité fût proclamée par Newman et par ses disciples pour s'abandonner à plus de confiance.

A la même époque la renaissance de l'art gothique en Allemagne et particulièrement la restauration de la cathédrale de Cologne, du *Dom*, manifestaient l'élan nouveau des catholiques. Mais le *Domverein*, l'Association des catholiques

allemands, voulait, en achevant la célèbre cathédrale, glorifier la religion des ancêtres ; c'était
—au contraire de ce qui se passait en Angleterre —
une question de foi bien plutôt que d'art. Aussi,
en 1852, Mme Craven écrivait : « L'architecture
chrétienne (romane ou gothique) est le produit
non du protestantisme, mais du catholicisme.
C'est un des nombreux langages dont l'Eglise
universelle se sert pour se faire entendre de ses
enfants et que ses enfants comprennent parfaitement. Mais lorsque d'autres Eglises s'en empa-
rent et l'appliquent à leur usage, il semble aux
catholiques qu'ils entendent leur langue parlée
par des étrangers qui ne donnent pas aux mots
leur signification véritable, en sorte que, si le son
est le même, le sens est tout autre : de loin, il leur
semble entendre la langue maternelle ; de près,
c'est un jargon.

« Telle est l'impression que je ressens en présence de ces nouvelles églises anglicanes. Voilà
bien la forme extérieure, voilà bien le clocher, et
voilà bien la croix. Si je ne faisais que passer,
je m'inclinerais sans doute, et je croirais m'unir
à ceux qui, dans l'intérieur de l'Eglise, prient
devant l'autel. Mais si je m'arrête, si j'entre, tout
change, et l'impression catholique s'évanouit entièrement... C'est uniquement le *sens intérieur*

qui a trouvé, un jour, son expression dans cette architecture merveilleuse qu'on cherche à reproduire. Si ces sentiments n'eussent existé dans l'âme de nos pères, pas une seule cathédrale n'eût été élevée dans le monde. Elle sort d'une foi définie, dont les points les plus saillants sont clairement et magnifiquement représentés par ces symboles. Or, ce sont précisément ces points saillants que les protestants ont rejetés. Si donc maintenant ils choisissent cette forme pour leurs églises, c'est uniquement pour la forme elle-même, sans aucun égard pour ce qui, à nos yeux, est sa seule raison d'être. Il faut l'avouer, les descendants des réformateurs sont moins conséquents que leurs devanciers ; après avoir détruit tant d'églises, de monastères et d'abbayes, abattu tant de statues et brûlé tant d'images, ils édifient maintenant des églises qui conviennent mieux au culte qu'ils ont aboli qu'à celui qu'ils professent. Aussi n'est-il pas étonnant que, parmi eux, tous ne soient pas d'accord, et que ceux qui sont plus fidèles à l'esprit des premiers jours de la Réforme, tiennent à conserver à leurs édifices religieux la nudité, la froideur et la LAIDEUR qui étaient autant de protestations énergiques contre les splendeurs du culte catholique. Il n'est pas surprenant qu'ils ne se fassent pas faute de dénoncer toutes ses

Églises nouvelles et de les déclarer *papistes*....

« Nous avons peut-être tort de nous plaindre de la ressemblance qui leur déplaît, car plusieurs déjà, en étudiant la beauté des formes extérieures de cette architecture, en ont pénétré le sens, et leur âme en a été plus touchée que d'aucune langue humaine. C'est là une des raisons pour lesquelles plus d'un protestant prévoyant redoute cette renaissance. Pour cette même raison elle devrait peut-être me causer plus d'espérance que de tristesse. Qui sait ?... L'art, comme la nature, parle de Dieu à qui sait l entendre. Pourquoi une voix ne s'élèverait-elle pas un jour de ces pierres pour demander à ceux qui les façonnent de leur rendre leur âme aussi bien que leur corps, c'est-à-dire la signification aussi bien que la forme matérielle du passé ? »

En effet, le mouvement né à Oxford en 1833, sous l'impulsion de Newman, de Froude, de Keble et de Perceval, s'accentua. La campagne des Tracts, entreprise dans un but d'édification et de réveil de la foi, devint, en face des résistances officielles, une protestation contre la main-mise de l'Etat sur la religion ; il en résulta un retour des pensées et des études vers l'Eglise primitive. Certes ces prophètes nouveaux n'acclamaient pas le catholicisme. Bien des in-

certitudes retardaient le zèle, obscurcissaient la
pensée des réformateurs. C'était une réaction
plutôt qu'une affirmation précise de doctrine.
Mais la quiétude paresseuse ou servile des esprits était secouée ; les moindres presbytères
aussi bien que les universités et les assemblées
des fidèles retentissaient de discussions préfé-
rables à l'atonie des croyances. Avec Pusey, une
secte nouvelle se fonde, qui se rapproche sin-
gulièrement du catholicisme, et le fondateur du
Puséysme est condamné par ses pairs pour un
sermon sur la communion et la présence réelle.

En 1842, Wiseman abjure ; en 1845, Newman ;
en 1851, Manning. Le catholicisme va être défendu et propagé en Angleterre par ces trois
chefs éminents — un organisateur, un penseur,
un homme d'action — qui se compléteront et,
malgré certaines divergences, s'entr'aideront
puissamment dans l'œuvre commune.

Alors Mme Craven peut écrire du Mouvement d'Oxford : « Jamais ce mot : *mouvement* ne
nous a paru avoir une plus profonde et plus
haute signification. Ne croirait-on pas, en effet,
voir quelque chose de semblable à ce frémis-
sement mystérieux des eaux sous le souffle
de l'esprit de Dieu, d'où devait naître la vie,
la fécondité et la splendeur de la terre ? Que,

dans un autre ordre, nos yeux soient destinés à
voir s'accomplir un miracle du même genre, que
les flots tumultueux et désordonnés de tant d'o-
pinions diverses doivent, de nos jours, se réunir
dans la mer majestueuse et immuable de l'unité,
c'est ce que nous n'osons prévoir. Mais que telle
soit la tendance et comme la raison dernière de
toutes les tentatives auxquelles nous assistons,
et de toutes les hautes, pures et saintes aspirations dont l'expression retentit chaque jour : c'est
ce que nous croyons d'une ferme foi ; c'est ce
que nous espérons et attendons d'une confiante
et indomptable espérance !

« En effet, tandis que l'étude consciencieuse du
passé chrétien et le dégoût de l'empiétement
trop flagrant de l'Etat sur le domaine spirituel
ramènent un grand nombre d'anglicans à l'autorité de l'Eglise catholique, d'autres sont attirés
vers elle par les conseils de perfection qu'elle a
donnés, la première, au monde et qui, de siècle
en siècle, ont porté tant de fruits de sainteté.
C'est pourquoi il nous semble que ces deux tendances, l'une vers la véritable autorité, l'autre
vers une piété plus vivante, ramènent également
au catholicisme. »

Et encore : « Si, au sein du protestantisme,
vous marchez dans une voie de pureté, de piété,

de détachement, de ferveur, les clameurs de ceux qui veulent vous arrêter, non moins que les acclamations de ceux qui vous appellent, vous avertissent que vous marchez vers le catholicisme... Mais que (chez les catholiques) le zèle se refroidisse ; que le relâchement ou les scandales se glissent dans les rangs du clergé ; que le culte perde sa majesté ; que, sous quelque forme que ce soit, le mal l'emporte momentanément sur le bien : à l'instant même commence ce qu'on peut nommer la tendance protestante chez les catholiques. »

Pour compléter l'exposé des vues de Mme Craven sur l'anglicanisme, nous citerons une page qui, datée de 1875, indique ce qui lui parut être le dernier état de la question.

« Les noms de Newman, Manning, Wilberforce, James Hope Scott, et de beaucoup d'autres parmi lesquels ceux de plusieurs femmes remarquables par leur caractère et leur piété plus encore que par leur rang, soulevaient les sentiments les plus opposés et les discussions les plus vives dans la société frivole de Londres, non moins que dans les cercles religieux d'Oxford. C'étaient les jours du réveil de cet ardent intérêt pour les questions religieuses qui ne s'est point affaibli depuis, et qui, plus que jamais maintenant, est le fond de tout ce qui, en Angleterre, passionne le plus vivement l'opinion publique (1).

« La négation elle-même, audacieuse aujourd'hui plus qu'elle ne l'était alors, la négation de toutes les bases chrétiennes sur lesquelles reposait non seulement l'anglicanisme mais l édifice national lui-même, ne se soulève avec tant de furie que parce qu'elle rencontre un rempart de convictions profondes. Mais déjà, dans cette lutte, . les croyants de l'anglicanisme s'aperçoivent que ce rempart de convictions individuelles est faible pour résister à de tels assauts, lorsque l'Eglise elle-même présente au combat une armée divisée à laquelle elle ne fait entendre qu'une voix faible et hésitante. Dans la bataille suprême qui va se livrer entre les suggestions absolues de l'athéisme et les affirmations divines du christia-

---

(1) M. de Marolles, dans la *Vie du cardinal Manning*, cite une statistique des conversions anglaises présentée par l'historien Hemmer « Suivant Hemmer, une liste de convertis, (arrêtée au 23 septembre 1879), compte pour une période de douze années, les noms de cinquante-deux lords et baronnets, de six cents dames appartenant à la société, de trois cent treize théologiens anglicans, de trois cent quatre-vingt-quatorze membres des Universités d'Oxford et de Cambridge, d'une centaine d'officiers et de trente-huit littérateurs. » — *Le Cardinal Manning*, par Victor de Marolles, avec préface de Ferdinand Brunetière. (Un **vol.**, 2 fr. Librairie des Saints-Pères, Paris.)

nisme, on ne peut nier que le solide et indéfectible appui de l'Eglise catholique soit nécessaire aux chrétiens pour lutter et surtout pour vaincre. En sorte que, pendant la durée des vingt-cinq années qui viennent de s'écouler, après s'être tournés vers le catholicisme pour y retrouver la beauté dans l'art, la ferveur dans la piété, le dévouement dans la charité, les cœurs chrétiens l'appellent aujourd'hui au secours du contenu des Livres saints et de la Bible elle-même, témérairement attaquée. Mouvement étrange autant qu'intéressant et émouvant (1) ! »

Mᵐᵉ Craven ne demeura pas seulement spectatrice attentive de cette évolution de la pensée anglicane ; elle y apporta sa contribution personnelle par son influence. Elle intervint même par la plume dans une grave polémique. Ce fut à l'occasion du rétablissement de la hiérarchie épiscopale en Angleterre par Pie IX (1850).

Une très vive opposition se manifesta dans

______

(1) A propos des menaces de l'athéisme et des opinions émises par le célèbre écrivain John Morley, Mᵐᵉ Craven faisait, en 1879, cette remarque : « En Angleterre, il y a dans le radicalisme et l'athéisme une certaine foi qui rend moins odieux, sinon moins dangereux, ceux qui les enseignent parce qu'ils ne sont pas possédés, comme dans les autres pays, d'une haine particulière pour le catholicisme. Leur indignation contre la persécution subie par les catholiques est égale à la nôtre ».

certains groupes protestants contre ce qu'on appelait l'*agression papale*. Il y eut une recrudescence d'antipapisme : — meetings populaires manifestes de chefs politiques, adresses à la reine, enfin vote par le parlement d'une amende (qui **du** reste ne fut jamais appliquée) contre les *usurpateurs romains* de titres épiscopaux. Le discours de M. Drummond à la Chambre des Communes contre la vie conventuelle et les vœux religieux fut le renouveau des vieilles haines et des préjugés obstinés. Cette fois, Mme Craven jugea que sa conscience l'obligeait à sortir du rôle de bienveillante interlocutrice. La discrétion ordinaire de son attitude ne lui parut plus répondre au devoir. Elle usa donc de son autorité sociale, de son talent d'écrivain pour faire respecter sa foi.

Cependant il eût été messéant pour elle de se jeter dans la mêlée comme un polémiste de carrière, encore plus de s'attribuer le rôle officiel de défenseur de l'Eglise dans un débat qui avait eu le Parlement pour théâtre. Elle se contenta de rédiger un mémoire intitulé : *Comme malgré moi*, et portant pour épigraphe cette parole de Massillon : *Nous ne restons pas longtemps dans les limites de la charité lorsque nous dépassons celles de la vérité.* Cette protestation fut imprimée à cinquante exemplaires : par le fait de cette publicité très restreinte, elle ne fut que plus recherchée. Elle atteignit les chefs qu'elle visait. Le résultat en fut honorable : « Je reçus, dit la protestataire, de beaucoup de membres du Parlement l'assurance de leurs regrets, assurance qui était en elle-même une réparation »

Quelques personnes s'étonnèrent de voir l'aimable et indulgente Mme Craven se lever si fière et si combative. Pourquoi témoignait-elle, dans la réplique, de cette énergie un peu rude dont on croyait sa bonne grâce incapable ? C'est que — une la Ferronnays ne pouvait s'y méprendre — si la douceur doit charmer l'intimité des entretiens et tempérer l'échange individuel des idées, elle doit faire place à la seule rigueur de la vérité lorsque l'injure aux croyances est publique. Mme Craven s'affirma : elle n'en demeura pas moins aimée ; elle inspira un plus profond respect.

Plus tard, en 1875, elle ne craignit pas de répondre par un article très documenté, dans le *Correspondant*, à l'attaque que M. Gladstone avait dirigée dans la *Contemporary Review* puis dans une brochure, contre la fidélité politique des catholiques anglais. Le grand homme d'Etat soulevait l'une des questions les plus dangereuses et aussi les plus faussement jugées, sur l'attitude des catholiques, non seulement en Angleterre, mais dans le monde entier, à l'égard du pouvoir laïque. Son analyse des décrets du concile et du *Syllabus* était perfide et sophistique. Mme Craven comprit le péril de ces accusations pour le catholicisme renaissant en Angleterre ; elle le prévit pour la France. Sans se piquer de théologie, elle opposa des faits, des exemples historiques, des preuves en quelque sorte matérielles à la casuistique de M. Gladstone.

La portée de cette réplique fut considérable : elle se manifesta par le mécontentement de quelques-uns, de lord Lyons en particulier, qui cependant devait abjurer le protestantisme à l'approche de la mort, et par l'adhésion loyale de beaucoup d'esprits éclairés.

Cependant Mme Craven garda toujours une extrême sympathie pour Gladstone ; elle lui savait gré d'éprouver l'*inquiétude religieuse* et, au milieu même des agitations politiques, de s'intéresser passionnément au problème des croyances confessionnelles. Elle espérait qu'il n'y avait, de la part de son contradicteur, qu'un malentendu qui se dissiperait, plutôt qu'une opposition irréductible à la foi catholique (1).

(1) Cet espoir avait été partagé par Manning qui, à l'occasion de sa propre conversion, fait ce récit : « C'était dans la

Les relations se maintinrent confiantes entre les deux polémistes, et, en 1833, Gladstone félicitait encore son amie, d'études parues dans le *Correspondant*. Il fallut de graves divergences dans l'appréciation de la question irlandaise pour que Mme Craven qualifiât Gladstone d' « ami d'autrefois ».

En dehors de ces luttes doctrinales, la publication, dans les revues anglaises, de plusieurs des œuvres littéraires de Mme Craven, contribua à propager la pensée catholique parmi les protestants. Certaines biographies, particulièrement le *Travail d'une âme*, furent des appels discrets et éloquents adressés par l'auteur à ses frères séparés.

Mme Craven ne croyait pas, en général, à l'opportunité des controverses théologiques avec les protestants. Dès 1869, elle disait : « Quiconque de nos jours lutte pour la *foi* combat plus efficacement pour la vérité complète, c'est-à-dire le catholicisme, qu'en perdant son temps

petite chapelle de *Buckingham palace road*. J'étais agenouillé à côté de M. Gladstone. Juste avant le service de la communion, je lui dis : « Je ne puis plus longtemps communier dans l'Eglise d'Angleterre. » Je me levai, et, posant la main sur l'épaule de M. Gladstone, je lui dis : « Venez. » C'était la séparation des routes. M. Gladstone demeura, et je m'en allai. M. Gladstone demeure encore où je le laissai. » — (Ci é par M. V. de Marolles : *Le Cardinal Manning*.)

à des disputes avec ceux qui, dans leur foi inconséquente, s'accrochent toujours au reste de vérité qu'ils possèdent dans le protestantisme. Ils découvriront bientôt leur faiblesse, à présent que le moment est venu pour eux, non de nous attaquer, mais de se défendre. Et ce n'est pas la peine de s'épuiser à le leur prouver. Il faut leur tendre nos mains, agir avec eux comme s'ils nous appartenaient déjà, et hâter le moment de notre réunion. »

Mme Craven était plutôt apôtre que polémiste. On a dit que, pour attirer plus de protestants à la religion catholique, elle abaissait de celle-ci les frontières de telle sorte que le passage de l'une à l'autre religion paraissait pouvoir se faire sans exagération ni éclat. En réalité elle pensait que bien des protestants qui étaient orthodoxes et qui n'appartenaient pas au corps de l'Église catholique, appartenaient à son âme et, par conséquent, pouvaient prétendre au ciel.

Tel était bien le sentiment de Newman, qui se définissait lui-même en parlant « des hommes modérés qui voudraient réduire, autant que loyalement elles peuvent l'être, les différences entre les opinions religieuses ». Et un biographe de Newman a pu écrire récemment : « Désormais, entre Rome et l'anglicanisme, il se trouva comme

un pont de jeté. De part et d'autre, un peu du
cœur de Newman, un peu de son souvenir, demeure ; et de cette affection, de cette admiration
commune, de cette pensée que l'on a profondément étudiée sur les deux rivages, on se sent
moins lointain » (1). — Mme Craven fut, par
les aspirations et par la méthode, disciple de
Newman.

Les idées libérales et le genre d'apostolat tout
intellectuel et apologétique du cardinal Newman,
son exil, du moins apparent, dans une retraite
presque inaccessible à la foule, devaient créer une
sympathie personnelle entre l'illustre converti et
Mme Craven. Le cardinal Manning, au contraire,
d'un tempérament plus extérieur, rude jouteur
adonné à toutes les œuvres de zèle, n'exerçait
pas la même séduction sur l'âme contemplative
de Mme Craven. L'opinion publique considérait, non sans raison, ces deux chefs de l'Eglise
d'Angleterre comme rivaux par la pensée et par
l'influence. Mais tandis que cette rivalité demeurait théorique entre Newman et Manning, et n'affectait que les tendances de l'esprit, l'admiration
des disciples de l'un et de l'autre marquait une

(1) Georges Grappe : *Newman* (Librairie des Saints-Pères),
rue des Saints-Pères, 83, Paris. (Collection des volumes des
Grands Hommes de l'Église au XIXe siècle, 2 fr. le volume.)

trop vive partialité. On était pour Newman ou bien pour Manning. On voulait que ces illustres contradicteurs fussent personnellement des adversaires. On oubliait que leur double action s'exerçant sur des groupes qui manifestaient des préoccupations diverses, contribuait, en définitive, à l'extension ou à la confirmation de la foi catholique dans toutes les régions de la pensée chrétienne. Par les deux courants qu'ils créaient, ils amenaient de tous les points de l'horizon religieux des recrues à l'unité essentielle.

Mme Craven eut de fréquentes relations avec Newman ; cependant elle ne négligea pas de témoigner la plus respectueuse déférence envers Manning. Celui-ci avait pris position dans la question irlandaise, position qu'au surplus Mme Craven estimait dangereuse au point de vue politique ; elle alla néanmoins, en 1885, lui demander des lumières sur le *fond religieux* du conflit irlandais, faisant ainsi un sage départ entre l'opinion civique du prélat, qui pouvait être contestée, et son jugement épiscopal.

Le cardinal Newman rédigea une préface pour le livre des *Méditations*, dont il disait : « C'est un volume à la fois très beau et très intéressant. Ces méditations sont si vraies et si touchantes ! »

L'hostilité de Mme Craven à l'égard du *Home-Rule* étonne : c'est une fausse note dans la symphonie catholique et libérale de toute sa vie. Les Irlandais pauvres, persécutés, n'avaient-ils donc pas droit à la pitié de cette âme si ouverte à toute infortune ? les Irlandais catholiques, à sa fraternité efficace dans la foi commune ? les Irlandais, impatients du joug politique de l'Angleterre, à son enthousiasme pour la liberté, à son respect des aspirations nationales, qui lui avaient fait accepter même l'unité italienne ? La Française ne devait-elle pas porter secours à sa sœur blessée, qui, gisant sur le champ de bataille, frappée par l'intolérance protestante, essayait de ressaisir l'arme brisée de ses traditions ?

Cependant il n'en fut pas ainsi. Mme Craven n'embrassa pas la cause irlandaise : elle lui infligea même des critiques d'une singulière sévérité. Avant d'examiner les motifs de cette contradiction, nous devons citer la pensée intégrale de Mme Craven, du moins telle que nous la révèlent des fragments de sa correspondance : alors seulement nous pourrons préciser un état d'esprit qui a surpris les contemporains.

« Dites-moi, écrivait, en 1880, Mme Craven à son amie Mrs Bishop, quelque chose de cette incompréhensible et impénétrable Irlande. C'est pour moi une fatigue cérébrale de penser à tout cela. Si (comme dans l'amour de Dieu) le désir d'aimer était l'amour, j'aimerais tendrement l'Irlande. Mais tous ses amis du moment, ou ceux qui se nomment ainsi, sont tellement détestables, qu'il n'est pas plus possible de s'y attacher qu'à la République française...

... « J'ai lu, hier, que les évêques irlandais s'opposent fortement au projet de beaucoup en Angleterre, de renouer des relations entre le Saint-Siège et le gouvernement. Je suis persuadée qu'ils détestent tellement les Anglais, qu'ils préfèrent ne pas les voir catholiques ou se bien conduire vis-à-vis de l'Église, parce que ce serait une raison de moins de les haïr, et qu'ils adorent leur haine et s'y attachent plus qu'à leur foi. C'est la vieille histoire des évêques irlandais qui ne voulaient pas s'asseoir à table avec saint Augustin parce qu'il apportait le bienfait du christianisme aux Saxons destructeurs...

« Mon amie Miss O'Meara écrivait à M. de Vere que le retour des pêcheurs de Galilée était indispensable pour sauver la patrie. Il a répondu : « Oui » c'est très vrai ; mais si les douze pêcheurs conseillaient aux Irlandais de nos jours de payer le tribut à qui ils le doivent, ils seraient « boycotted ». Le nonce du Pape le serait aussi, je le crains, s'il essayait d'en dire autant...

« ... Mon esprit est toujours occupé de l'Irlande. Je suis ravie de la lettre du Pape à l'archevêque de Dublin, mais pas autant du mandement de l'archevêque à propos de cette lettre. Il devrait se prononcer plus clairement; et quand le « boy-cotting » est en train, laisser tranquille, pour une fois, ce *cancer* qu'on veut extirper et qui, dans la disposition présente du peuple, me paraît désigner les landlords. Un archevêque qui se préoccupe davantage du bien temporel de son peuple que des fautes et des crimes qui se commettent, ne m'édifie pas...

« ... Chaque jour passe sans jeter la moindre lumière sur ce complot monstrueux (1)... Le nouvel archevêque de Dublin espérait (quand il a quitté Paris) qu'on l'écouterait mieux désormais et qu'il lui resterait quelque force pour lutter contre la ligue... Il est trop tard maintenant pour que le clergé puisse faire du bien, même si tous le désiraient. Le temps est passé ; et, en fermant les yeux sur les intentions bien évidentes, il a assumé une grande responsabilité... J'en souffre pour M. Gladstone, qui avait le droit de compter sur

---

(1) Cette lettre fut écrite, en mai 1882, après l'assassinat de lord Cavendish et de M. Burke.

le clergé, quoi que l'on puisse penser de sa politique irlandaise.

« … Parlez-moi de l'Irlande. Je crois que nous pouvons dire comme sir Peter Teazle : « La vérité se montre, et l'on découvre que tous ces meurtriers étrangers étaient de véritables Irlandais, très Irlandais. » Mais le clergé comprendra-t-il ce qu'il y avait au-dessous et au-dessus de la *Land-League* ? Regrettera-t-il de l'avoir encouragée ? Avouera-t-il qu'aussi longtemps qu'existera la pendaison, ces assassins mériteront d'être punis ? D'après une lettre de l'archevêque Croke que j'ai lue hier, je crains que ce clergé ne soit pas converti.

« Je suis contente de ce que vous me dites du Saint-Père. Quand les Irlandais comprendront-ils qu'ils doivent cesser d'être *fenians* ou cesser d'être catholiques ? Mon opinion est qu'ils veulent rester *fenians*. L'horrible sympathie témoignée aux assassins n'est-elle pas décourageante ? Les prêtres qui ont assisté jusqu'à la fin Brady et Curley, les élèveront comme des martyrs.

« Les hésitations et les vacillations des libéraux [anglais] et toutes les sottises qu'ils disent en présence d'une conspiration aussi clairement organisée que la Ligue, me renversent absolument. Je me demande souvent à quelle preuve d'enfantillage et de faiblesse nous devons nous attendre de la part de ce cher vieux grand homme étourdi [Gladstone] qui, même maintenant, demande aux gens de lui dire ce qui se passe en Irlande.

« Il ne sera pas trop tard pour montrer au monde que des catholiques de cette sorte ne pactisent pas avec la basse révolte qui entraîne l'Irlande loin de toute loi divine et humaine. Mais je veux cesser de penser à tout cela. (Le cardinal Manning dirait que c'est ce que j'ai de mieux à faire). »

L'antipathie apparaît véhémente et tenace. Mais quel en est le motif intime ?... Une remarque s'impose : pas un instant, Mme Craven ne se préoccupe du fond de la question irlandaise. Ni le sentiment de l'indépendance nationale, ni les excès d'une tyrannie à la fois religieuse, politique et économique ne fixent son attention. Elle ne considère que deux des aspects de la lutte : les actes de violence populaire, et le rôle du clergé.

Certes cette manière d'envisager une crise si grave, semble bien incomplète et superficielle, — nous oserons dire trop *féminine*, puisque, à s'abstraire des éléments essentiels du problème, à n'en voir que les apparences, Mme Craven n'éprouve plus que des impressions de sensibilité, ce qui est le propre de la femme. Mais encore convient-il que la critique de cette opinion ne soit pas, elle-même, une critique d'impression et de pur sentiment : il faut préciser.

En cette occurrence, Mme Craven n'est pas victime d'un parti pris ou d'une absence de ré-flexion ; elle demeure conséquente avec les principes dont elle ne s'est jamais départie. Seulement ces principes nous paraissent mal s'adapter aux réalités de la question irlandaise. Mme Craven a toujours eu horreur de la violence, et toute cause qui a voulu y recourir a perdu sa sympathie. Ce fut le cas des Irlandais. Sans doute le tempérament physique et moral de la race, un goût héréditaire de la vengeance, l'exaspération d'une longue souffrance, l'impossibilité de toute défense légale, donnèrent à la révolte de puissantes excuses. Mais il le faut bien reconnaître, le *Home-Rule* essaya de s'imposer avec une énergie quelquefois sauvage. L'esprit de plusieurs en fut irrémédiablement heurté et se refusa à examiner des prémisses dont les conséquences étaient si excessives. Si les orages doctrinaux du concile effrayaient et même scandalisaient Mme Craven, quelle répulsion devaient lui inspirer la férocité des haines et l'effusion du sang ! Pour être compris d'elle, Paddy l'opprimé eût dû s'en tenir à de calmes revendications, aux raisonnements du droit. La clameur des éléments déchaînés couvrit la plainte de la justice : Mme Craven ne put croire qu'une voix digne de respect se faisait entendre dans ce farouche concert.

Mme Craven avait une trop haute idée de la mission du prêtre pour admettre que le clergé se mêlât aux débats politiques. Pour ce motif elle avait critiqué la part prise par le clergé à la défense du trône dans le royaume de Naples. Pour ce motif encore, elle s'indigna, — avec quelle virulence, nous venons de le voir, — contre l'alliance du prêtre et du paysan dans la lutte irlandaise.

Le prêtre, même défenseur d'une cause nationale, de la faiblesse et de la souffrance, lui paraissait, dans l'action vengeresse, trop inférieur à l'être presque surnaturel qui, messager entre le ciel et la terre, ne doit prononcer que des paroles de prière ou de bénédiction, n'agir qu'au nom de la paix humaine et de la sérénité divine. Le prêtre excitateur de conflits, presque complice du crime !... Cette conception ruinait, au sens de Mme Craven, tout ministère sacerdotal.

Nous n'avons pas à examiner si l'idéal ainsi rêvé n'était pas trop surhumain, si la participation, — sage et pacifique, — du prêtre aux justes aspirations populaires n'est pas un instrument nécessaire au règne de la justice aussi bien qu'une extension de l'apostolat. Nous devons seulement remarquer que Mme Craven, en blâmant le clergé irlandais, rendait le plus respectueux hommage au rôle du prêtre. Ce rôle, elle le voulait identique, immuable dans tous les temps et dans tous les milieux ; — le prêtre, elle ne voulait le voir apparaître que sur les marches du sanctuaire, offrant aux peuples l'hostie de paix et de pardon.

Peut-être aussi, — il le faut bien ajouter, — Mme Craven avait-elle trop fréquenté l'aristocratie anglaise, en avait-elle trop apprécié la culture, la grâce d'attitude et la noblesse de sentiments, pour pénétrer la souffrance que là-bas, dans des sphères plus humbles, faisaient régner l'administration des intendants et un détestable régime de conquête. Derrière le décor de la grande vie anglaise et la façade de la Constitution, il se passait des drames de misère et de honte qu'elle ne connut pas. L'Italie lui avait révélé ses plaies, elle y compatit ; l'Irlande fut trop loin de ses yeux, et conséquemment de son cœur.

CHAPITRE V

Un esprit vif et curieux des enquêtes de la psychologie aussi bien que des généralités de la pensée publique ; un cœur très ardent à échanger la sympathie, à produire et à recevoir l'émotion ; une âme surnaturalisée et se plaisant à célébrer les desseins de la Providence ; une volonté enfin de pénétration et de prosélytisme devaient inciter Mme Craven à demander à la plume un complément d'expression plus durable, plus efficace que la plus brillante conversation.

Sans doute, par la rédaction de son Journal intime, par une volumineuse correspondance qui était comme un message d'idées entre la France, l'Angleterre et l'Italie, notre héroïne fixa utilement sa pensée. Cependant il fallait que le livre, avec la précision du sujet et l'harmonie des développements, consacrât, en quelque sorte officiellement, le mode de cette pensée.

Ce fut un bonheur que la plume de Mme Craven se trouvât appelée au travail par une vocation presque mystique plutôt que par la gloriole littéraire. Elle demeura libre de toute formule d'école, fidèle à la seule inspiration, toujours aisée, gracieuse, émouvante comme la femme qui la maniait.

Mme Craven, en effet, n'est pas un écrivain de métier ; elle n'emprunte rien à la technique professionnelle. Sa phrase écrite jaillit, comme la parole vivante, lumineuse, expression rapide d'un sentiment profond. C'est là l'originalité, le caractère essentiel de son talent. La rapidité même de la composition prouvait, en elle, la spontanéité de pensée et l'absence de recherche du style (1).

(1) Le jour même où elle atteignait l'âge de quatre-vingts ans, Mme Craven montra à un ami une immense corbeille contenant, en nombre considérable, des rouleaux et des paquets de lettres, et elle dit à cet ami : « Il faut que, dans un an, j'aie écrit un volume de quatre cents pages, — la vie de mon amie intime, Lady Fullerton, — et que j'envoie chaque chapitre à Londres au P. Coleridge, afin qu'au fur et à mesure il le traduise en anglais. » Or, un an après, jour pour jour, l'ami recevait le volume annoncé. Nous le répétons, c'est à plus de quatre-vingts ans, et sans aide appréciable, que Mme Craven témoignait de cette exceptionnelle facilité de travail.

Soumettre ce talent primesautier aux strictes lois de la critique serait une injustice et une erreur ; ce serait livrer à l'analyse chimique des fleurs qui ne valent que par la grâce, le parfum et la couleur. L'ardeur du sentiment déborde dans toutes les pages, même lorsque le' thème n'est qu'une fiction. Cette ardeur brise quelquefois le cadre du style, néglige les artifices de composition, bref garde l'allure de l'improvisation ; mais elle produit par sa seule force intime la conquête et l'émotion. Élans sublimes, abandons touchants, ne valent-ils pas une constante et froide correction? On ne lit pas avec indifférence Mme Craven. On s'intéresse toujours à sa pensée ; le plus souvent on en admire la forme, et si, d'aventure, la plume s'alanguit ou s'énerve, la sympathie demeure fidèle à l'auteur qui ne cesse pas d'être personnel, sincère, d'offrir son cœur au lecteur.

Lorsqu'il proclama l'attribution d'un prix de l'Académie au *Récit d'une Sœur*, Villemain disait : « Ce n'est peut-être pas une œuvre littéraire ; *mais sa valeur n'en est que plus grande. C'est le testament d'un passé qui sera lu dans l'avenir. L'Académie couronne des sentiments vrais, exprimés dans un langage touchant.* » — Nous dirons de l'ensemble de l'œuvre de Mme Craven : « C'est le testament d'une croyante qui veut transmettre son héritage d'espérance, de consolation, de foi, et qui formule ce legs dans le plus touchant langage, le langage qui s'entend d'âme à âme. »

Nous avons parlé de vocation mystique. Les deux œuvres les plus hautement mystiques de Mme Craven, les *Méditations* et le *Récit d'une Sœur*, sont, en effet, les premières qu'elle composa. Elles n'étaient même pas destinées à la publicité ; la première n'exprimait que des effusions de piété, constituait une sorte d'examen de conscience rédigé dans un but de sanctification personnelle ; la seconde était un mémorial de famille auquel, primitivement, le public ne devait pas avoir accès.

Ainsi Mme Craven ne prit la plume, tout d'abord, que pour satisfaire sa piété ou sa tendresse, et sans intention de rencontrer des lecteurs. Elle obéissait à une impulsion que nous dirons providentielle : nul souci de vaine gloire ne s'y mêlait.

Pendant douze années, elle condensa de très chers souvenirs dans le manuscrit du *Récit d'une Sœur*. Puis elle en permit la lecture à quelques sûrs appréciateurs. Ceux-ci estimèrent qu'il ne convenait pas de priver de si hautes leçons le monde catholique. De proches parents,

au contraire, redoutaient de voir livrer ces intimités à une curiosité qui pouvait être indiscrète.
Ces paroles d'amour ou d'héroïsme chrétien prononcées par des lèvres que la mort venait à
peine de clore, seraient-elles entendues avec
un suffisant respect ? L'anxiété fut grande.

« Une voix, écrit-elle, disait cependant dans
mon cœur : courage ! L'exemple de ces chères
âmes sera plus profitable dans un large cercle
que dans celui de quelques amis intimes à Paris.
Cette certitude conquit ma répugnance et le con-
sentement des autres....

« Montalembert a lu le *Récit* avec un véritable
enthousiasme.... Dans mes dernières hésitations,
j'ai consulté M. Gerbet qui m'a donné son *pla-
cet* et tout son cœur. Le saint et célèbre Père de
Ponlevoy (auteur de la *Vie du Père de Ravignan*)
m'approuve avec encore plus d'enthousiasme. Et
Montalembert non seulement m'approuve, mais
veut me faire l'honneur, inespéré pour moi, d'être
l'éditeur responsable de l'ouvrage. »

Déjà, en 1852, Mme Swetchine, après avoir lu
et médité les premiers éléments du *Récit*, déclarait à son amie : « Quand vous voudrez toucher
une âme ou presser son pas, confiez-lui ce
trésor : il agira, à quelque état qu'il la prenne,
en lui présentant, à côté de ce qui attire, tout

ce qui stimule et pénètre. Jamais le contraste des beautés éparses dans la vie et de son profond néant ne m'est apparu plus frappant que dans ces pages. Toutes les conditions et toutes les aptitudes du bonheur s'y trouvaient, et, pourtant, que de retours de la nuit sombre ! Et pour corrélatifs à des élans sublimes, quelles morts prématurées ! Mais il n'en est pas moins vrai que, joies et peines, tout ressort ici de grâces de prédilection. Le malheur même, chère Madame, prend dans votre famille l'aspect de je ne sais quelle faveur singulière, et dans les coups les plus poignants il y a de divins honneurs rendus. »

Fortifiée par des encouragements si autorisés, Mme Craven dit : « Que Dieu bénisse cette difficile entreprise destinée à faire comprendre que la présence divine peut être acceptée, désirée et aimée dans la vie de tous les jours. »

Elle fait imprimer cinq cents exemplaires dont cent sont offerts à des amis. Mais les demandes affluent : il faut laisser vendre les quatre cents exemplaires que l'on avait tenus en réserve. En deux jours ils sont tous enlevés. Ce succès inattendu, presque déconcertant, commande de mettre le livre définitivement en librairie (janvier 1866). Quelques mois suffisent pour l'écoulement de neuf éditions. Aujourd'hui le *Récit* atteint la

cinquantième édition. On peut donc dire que c'est le public lui-même qui a exigé, imposé l'immense publicité de ce livre. L'auteur a obéi aux indications de la Providence manifestées par le conseil d'esprits éminents et par l'adhésion de la foule.

L'accueil, du reste, fut unanimement respectueux et ému : la vaine curiosité n'y eut pas de part. On comprit la pensée qui avait inspiré ces révélations.

Cette pensée est formulée dès la première page du *Récit*, en guise d'épigraphe :

« Mon Dieu ! — Votre nom est le premier que je veux écrire en commençant ces pages. Je désire qu'elles vous fassent aimer, plus encore que je ne désire faire aimer ceux à qui elles sont consacrées. »

Et plus loin : « Je voudrais, je l'avoue, que la mémoire de ceux qui les ont écrites répandît son doux parfum un peu au delà de ceux qui les ont vus passer sans les connaître, mais non sans les remarquer peut-être. Et s'il s'en trouve à qui l'amour de Dieu soit étranger, ces pages pourront peut-être leur inspirer le désir de connaître le divin sentiment qui les remplit et qui s'y mêle à tout. J'ose croire qu'ils y trouveraient d'ailleurs quelque intérêt et quelque charme, et qu'ils n'achèveraient pas cette lecture sans se demander s'il est bien **vrai**, comme quelques-uns le prétendent, que les pieuses habitudes de la vie catholique « nuisent au développement de l'intelligence, asservissent l'âme ou refroidissent le cœur », — et s'il n'est pas certain, au contraire, que ces personnes si agréables à Dieu auraient perdu, même humainement, le plus grand de leurs charmes en perdant cette piété qui a tout vivifié en elles... J'espère que, parmi ceux qui liront ces lignes, il ne se rencontrera pas d'esprit critique et malveillant, et qu'elles iront là, où seulement elles sont adressées, toucher quelques âmes pieuses et consoler quelques cœurs souffrants. »

Aux dernières pages du *Récit*, l'auteur résume encore son désir initial : «... Ce que je ressens, d'autres le ressentiront ; ce qui touche si profondément mon cœur, d'autres en seront touchés ; et ces trésors si chers, si précieux, si sacrés pour moi, je ne les aurai pas divulgués en vain! Cette haute et si profonde espérance m'a encouragée au début. Elle m'a accompagnée à travers toutes les difficultés, toutes les émotions, toutes les répugnances de ce long travail, et elle s'est affermie en le terminant. Dieu l'a mise dans mon cœur ! Dieu la réalisera ! »

Ce vœu a été exaucé. Les générations de lecteurs se succèdent qui trouvent dans le *Récit d'une Sœur*, — les forts, l'exaltation de leurs propres sentiments, — les faibles, l'enseignement nécessaire.

Les *Méditations*, qui avaient partagé, de 1852 à 1860, avec le *Récit*, le premier labeur littéraire de Mme Craven, ne furent publiées qu'en 1880. Mme Craven ne se résigna qu'à grand'peine à cette publication qui devait révéler ses secrets d'âme et pouvait lui attribuer à elle-même l'attitude désobligeante d'un professeur de piété. Elle obéit cependant aux conseils qu'on lui donna, en vue de l'édification d'autrui. Elle poursuivit aussi un but de charité.

M. et Mme Craven avaient alors, et depuis de très longues années, à leur service deux domestiques d'une fidélité éprouvée : ils voulurent assurer le pain des vieux jours à ces serviteurs dévoués. Or la ruine avait, à cette époque, frappé le foyer, et les largesses ne pouvaient plus répondre au souhait de la générosité. Mme Craven se résigna donc à vendre le manuscrit des *Méditations* afin d'en consacrer le prix aux humbles qu'elle aimait.

Le désir de la charité matérielle dicta cette décision ; les fruits de charité morale que recueillirent les lecteurs en s'appropriant cette haute spiritualité, furent la récompense du sacrifice. Un bien plus grand que l'œuvre d'assistance répondit aux vues de la Providence. Mme Craven elle-même en fut souvent avertie lorsque des correspondants et des visiteurs inconnus vinrent lui confier quel réconfort leurs âmes avaient trouvé dans la lecture de ce livre.

Les *Méditations* furent traduites en anglais et honorées d'une préface du cardinal Newman.

Certains chapitres des *Méditations* font songer à l'*Imitation* : ainsi ce fragment extrait de la préface : « Comment et pourquoi aime-t-on une créature ? N'est-ce point par cet attrait du cœur qui se tourne vers la perfection qu'on croit voir, ou l'amour que l'on inspire ? A quel degré ces deux motifs existent-ils pour moi dans cet amour dont les autres sont l'ombre ? Comprendre et sentir cela parfaitement, quelque naturel que cela soit dans un sens, est cependant une grâce, et une grâce qui ne s'obtient pas facilement. La raison en est peut-être que là se trouve un tel bonheur, qu'une âme réellement possédée de cet amour est, dès ce monde, affranchie de ce qui peut se nommer douleur. Les conditions de la vie n'existent pas pour elle. Mais qu'est-ce que la souffrance avec l'amour, pour l'amour sûre de l'amour et de l'éternelle durée, et de l'éternelle consommation d'une ineffable union ? »

Mme Craven s'exerça à diverses biographies qui furent à la fois un hommage d'affection et un acte pieux : *Lady Georgiana Fullerton, Sœur Natalie Narischkin, Adelaïde Capece Minutolo, la Jeunesse de Fanny Kemble, le Comte de Montalembert, le Père Damien*, présentèrent au public de grandes âmes que l'historienne avait connues et aimées et qu'elle proposa en exemples.

« Sur les sommets de l'aristocratie russe, italienne, anglaise, dit le vicomte de Meaux, elle saisit quelques figures de choix : Natalie Narischkin, appelée à briller à la cour de Saint-Pétersbourg, et qu'elle avait retrouvée Fille de Saint-Vincent-de-Paul à Paris ; Adelaïde Capece, une descendante des héros normands, qu'elle avait vue devenir, à Naples, l'héroïne de la souffrance et de la charité ; lady Georgiana Fullerton, sa compagne et son émule à la fois dans la carrière des lettres et dans celle de la perfection chrétienne. Elle les peignit au vrai et au vif jusqu'au jour où, détachée de toute autre splendeur que de celle de l'âme, elle consacra le dernier, peut-être le plus heureux effort de sa plume à un pauvre missionnaire (le Père Damien), mort lépreux par amour des lépreux. »

Le *Travail d'une âme* est encore une étude de psychologie catholique qui marque les premières et longues étapes de la conversion d'une protestante. C'est une *monographie d'âme*, si nous osons dire, — anonyme quoique authentique ; — c'est aussi un chapitre nouveau ajouté aux *Méditations* ou plutôt une préface qui, avant l'épanouissement de la foi, en décrit la recherche. Mme Craven définit ainsi le but et la portée de cette étude si suggestive pour les protestants de bonne foi et même pour tout esprit inquiet :

« La foi qu'on est convenu d'appeler la *foi du charbonnier* est, au bout du compte, inévitablement celle du plus grand nombre. Non seulement les catholiques, mais les protestants ; non seulement les pauvres, les enfants et les ignorants, mais les gens de tout âge et de toute classe sociale ou intellectuelle, acceptent, sans examen, les croyances religieuses de ceux qui les ont précédés, et reçoivent de leurs parents, sans contradiction, l'enseignement qu'ils leur donnent. C'est, au fond, la loi commune pour tous, quelles que soient leurs croyances.

« Lorsqu'on y réfléchit cependant, il faut bien remarquer que les seuls catholiques obéissent ainsi avec une raison que confirment toutes leurs réflexions subséquentes, car, seuls, ils reçoivent pour premier enseignement de leur foi, qu'il existe une *Eglise infaillible dépositaire de la vérité*. Plus tard ils peuvent et ils doivent sans doute s'affermir dans cette foi, en étudier les preuves. Mais, en attendant, ils sont déjà dans la logique en s'y soumettant. Cette même logique devrait, au contraire, maintenir les protestants dans l'ignorance de toute religion et même de toute prévention religieuse jusqu'au jour où chacun d'eux serait capable de la formidable exploration à laquelle les appelle leur principe. On sait assez qu'il n'en est rien, et que par une inconséquence qui est un involontaire hommage rendu à la loi de l'autorité et à celle de la tradition, on donne aux enfants protestants un enseignement très formel, et que, tout en leur disant qu'ils devront lire et interpréter eux-mêmes la Bible, on les munit, sans scrupule, de beaucoup d'interprétations toutes faites qui, pour ne point émaner d'une autorité infaillible, n'en sont pas moins péremptoires.

«... Mais tous les esprits ne se prêtent pas à accepter ainsi toujours des conséquences contraires aux prémisses qu'on leur a appris à poser. Quelques-uns prennent au sérieux la base sur laquelle on leur répète que leur foi repose, et, la Bible à la main, s'embarquent sur la mer sans rivage du libre examen. Les naufrages de ceux-là ont été nombreux et célèbres. Nous ne nous arrêterons pas ici à les rappeler, notre dessein étant, au contraire, de parler d'une exploration de ce genre qui eût pour terme la conquête de la vérité et de la paix. »

Les *Réminiscences* sont des souvenirs d'Angleterre et d'Italie. Elles abondent en portraits pittoresques, en vives descriptions et, sous la forme même anecdotique, expriment toujours la préoccupation religieuse et la leçon de la vertu. Des sentiments profonds, — esthétiques, charitables, ou amicaux, — ont dirigé la plume dans ce retour vers le passé ; la banalité n'y apparaît jamais. Même dans les « morceaux » les plus brillants, les artifices du style n'ont point de part.

Le *Mot de l'Enigme* fut diversement jugé et déconcerta beaucoup de lecteurs ; dans la presse les critiques ne l'épargnèrent pas. C'est cependant le livre où, selon son aveu formel, l'auteur mit le plus d'elle-même. L'intensité de vie morale et d'émotion qui y règne, ne doit pas faire illusion : l'imagination n'a rien dicté de la thèse ; seule l'intrigue est fictive. Mme Craven a, cette fois encore, dit la vérité, telle qu'on la lui avait confiée et qu'elle la ressentait, telle aussi qu'il lui semblait utile pour autrui qu'elle fût exprimée. On a pu qualifier le *Mot de l'Enigme* de roman parce qu'en effet il contient une partie romanesque ; cependant Mme Craven n'a cessé de protester contre ce jugement si on l'applique à l'ensemble du livre. Elle affirmait à M. Grant Duff : « Quant à Ginevra, son histoire est vraie (1), au moihs la partie qui paraît plus invraisemblable que les autres. Je l'ai entendue des lèvres de celle à qui cette grande grâce (comme je l'appelle) fut accordée. Je suis absolument certaine de leur véracité. J'ai été témoin des effets durables de ce moment de la lumière, et je ne pense pas qu'il eût été facile de lui persuader qu'ils n'étaient que le résultat de « quelque subtil travail de l'imagination ». Sans doute, Mme Craven exagérait et cédait à un sentiment de réaction contre l'excès et même l'injure de la critique, lorsqu'elle déclarait que le « *Mot de l'Enigme* était la *seule* bonne chose qu'elle avait faite dans sa vie ». Mais des esprits distingués, qui ont particulièrement connu l'auteur, estiment que cette œuvre est l'une des plus conformes à l'intimité de sa pensée et conséquemment l'une des plus dignes d'intérêt.

---

(1) A Naples, où se passèrent les faits que rapporte partiellement ce livre, on reprocha même à l'auteur de n'avoir pas suffisamment dissimulé les personnalités mises en scène.

Comment donc, à côté de cette littérature exclusivement chrétienne, pieuse, orientée seulement vers Dieu, la vertu, l'amitié, ne s'appuyant que sur des réalités pour gravir les plus hauts sommets, la fiction a-t-elle pris place en la forme du roman ? Mme Craven n'a-t-elle pas compromis son idéal littéraire en juxtaposant les artifices de l'esprit aux élans de son cœur, en mêlant, si nous l'osons dire, le profane au sacré ? Cette question s'est posée dès la publication d'*Anne Séverin :* on l'a répétée sans cesse avec inquiétude ou malveillance, et les gens ne manquent pas encore qui, admirateurs du *Récit d'une Sœur,* en veulent à une la Ferronnays d'être descendue de cette mysticité aux intrigues de *Fleurange* ou du *Valbriant.*

L'objection, au premier abord, semble grave. L'œuvre tout entière en serait frappée de discrédit ou confondue dans un commun et dangereux éloge d' « habileté littéraire ». On se demanderait dès lors quelle est la part de personnalité vraie et quelle la part du procédé dans cette œuvre qui précisément ne prétend nous conquérir que par l'*authenticité* des sentiments.

A cette critique voici comment Mme Craven répondait dès 1869, dans une lettre adressée à Mrs Bishop :

«... Quant à écrire, comme vous le désirez, sur des questions sociales générales, vous vous trompez en me supposant pour cela le talent nécessaire ou le pouvoir d'y arriver dans n'importe quel but. Je dois continuer mon chemin et chercher à purifier et réhabiliter dans le roman français ce mot *amour* tellement profané et qu'on a rendu impossible à prononcer en France. Je veux aussi chercher à réveiller quelque petit sentiment de poésie dans mon cher mais très prosaïque faubourg Saint-Germain, où, à côté de l'autre, le mot *poésie* est le plus défendu de tous les mots, et regardé comme le plus dangereux ingrédient de la vie. »

« Et il me paraît si évident que le danger présent, même pour la meilleure société française, se trouve justement dans la direction opposée ! Si, d'un autre côté, je pouvais convaincre les écrivains du roman moderne que les sentiments ardents et même la passion peuvent exister dans cette région de pureté et de bonté en dehors de laquelle ils vivent et écrivent, le peu de bien dont je suis capable serait accompli. »

Dans la *Jeunesse de Fanny Kemble*, cette autre déclaration : « La laideur, la vulgarité, la grossièreté représentées avec une odieuse précision, révèlent peut-être un côté de la vie humaine ; mais elles sont loin de la représenter tout entière parce que, même dans ce monde, il y a des multitudes d'intelligences élevées et de cœurs honnêtes. Et encore au-dessus de celui-là un troisième monde de créatures humaines dévouées ici-bas à la pure vertu et aux nobles actions, — un monde au moins aussi réel que les deux autres. Il semble balancer, et peut-être expier, ce que nous décrivent les romanciers réalistes. Que les types reproduits par ceux qui contemplent exclusivement la laideur physique et morale, soient fidèles, je n'ai pas à le nier, car je ne le sais pas. Ce qui me regarde, c'est de rechercher les types opposés et de les montrer autant que possible. »

Par ces citations le regret et le désir de Mme Craven se manifestent nettement : — regret de l'incapacité à traiter certains sujets doctrinaux ; — désir d'exercer un apostolat littéraire et particulièrement de l'exercer au profit de la classe élevée. Le sentiment d'incapacité pour certaines études était peut-être justifié ; l'intention moralisatrice était droite et efficace.

Mme Craven, avec son tempérament expansif, ne pouvait pas s'abstenir de livrer sa pensée au public ; l'art de la conversation dans lequel elle excellait développait encore cette disposition d'esprit. Et d'ailleurs la constatation de l'heureuse influence que, par la parole et par la plume, elle propageait autour d'elle, imposait comme un devoir de conscience à Mme Craven de communiquer utilement avec un peuple de lecteurs que la Providence l'appelait à éclairer et à fortifier.

Les souvenirs personnels ne pouvaient être prodigués sans discrétion ; les biographies ne répondaient qu'à des circonstances d'actualité; les sujets proprement sociaux ou politiques semblaient dépasser le ton de l'auteur. Dès lors c'était au roman que Mme Craven devait confier sa pensée éducatrice des âmes. La fiction permettait de varier les sentiments, de les combiner au gré des convenances, de les conduire à la fin souhaitée, de leur donner enfin une forme séduisante pour certains lecteurs ou plutôt pour certaines lectrices qui acceptent difficilement la vérité dans son austère simplicité. Le roman offrait des facilités pour le choix et le développement des idées ; il en offrait plus encore pour atteindre, au delà du public d'élite, le public banal. Pourquoi donc négliger un si précieux instrument de propagande quand précisément on veut être propagandiste du bien ? Pourquoi en abandonner le monopole aux malfaiteurs de la littérature alors qu'on peut l'ennoblir, presque le sanctifier ?

Le roman est d'un genre moins noble que l'histoire authentique des peuples ou des individus : du moins tel est le préjugé des classifications académiques. Mais qu'est-ce que le genre noble, au regard de l'apôtre ? Il y a le genre *efficace*, celui qui donne les résultats souhaités : de cette seule considération Mme Craven a voulu tenir compte. On peut même dire qu'en faisant ce sacrifice de sa propre réputation, en acceptant de déchoir aux yeux de certains censeurs, elle a donné la mesure de son désintéressement : elle a immolé sa personnalité d'auteur à la grandeur du but. Demeurer exclusivement la prêtresse d'un temple consacré à quelques âmes, cela eût été habile et d'une belle attitude. Mais se mêler à la foule pour lui porter le bon conseil, cela est plus chrétien, plus digne d'une foi insatiable de conquêtes.

A ceux qui critiquent Mme Craven romancière on peut répondre : Voyez non pas les sentiers parcourus, mais le but poursuivi. Alors la voie large ou étroite, austère ou fleurie, apparaît telle qu'elle est : — la voie qui conduit au bien.

A la vérité peut-être devrait-on dire que Mme **Craven** n'a pas été promptement romancière.

Ses **romans** sont, sous le voile de pseudonymes, des récits *vécus*. L'imagination de l'auteur se manifeste surtout dans le style, et ce style donne quelquefois l'impression de l'irréel. Mais, en fait, Mme Craven *se souvenait :* elle avait vu, observé, entendu tout ce qu'elle rassemblait ensuite dans le cadre d'un roman. La France, l'Italie, l'Angleterre, la Russie, l'Allemagne et la Belgique lui avaient fourni de nombreux types, enseigné la variété des caractères et révélé des drames ou des énigmes de consciences.

Mme Craven était plus *réaliste* qu'on ne le pense. Dans le *Mot de l'Enigme,* dans *Fleurange,* elle développait ou condensait des notes biographiques. Même dans le *Valbriant,* la vérité n'a pas été sacrifiée, du moins quant aux traits essentiels, et Mme Craven déclare formellement que « c'est dommage d'avoir débaptisé l'histoire. De fait, ajoute-t-elle, c'est un héros et pas une héroïne. Le livre a été écrit dans le but de peindre un homme, et ces noms, Lucie, Lucy ou Lucia, sont tous faux. »

Si l'auteur n'a pas, comme dans *Lady Fullerton* ou *Sœur Natalie Narischkin,* authentiqué ces récits, c'est pour un motif de convenance ; la discrétion commandait alors l'anonymat. Et encore la libre allure du roman lui permettait de réunir des êtres, de rapprocher des scènes que le temps ou l'espace avait, en réalité, séparés.

Dans ces souvenirs à peine dissimulés par le jeu de l'intrigue, le cœur de Mme Craven n'éprouvait-il pas une joie intime à faire revivre des personnes, quelquefois des personnages qu'elle avait aimés ou, tout au moins, pénétrés ? Le cœur la guida toujours dans ses entreprises littéraires. A côté du *Récit d'une Sœur*, elle multiplia les *Récits* — discrets — *d'une amie.*

Mme Craven a-t-elle, comme elle le souhaitait, purifié, par *Eliane*, *Fleurange* ou *Anne Séverin*, la notion vulgaire de l'amour? A-t-elle réussi à ériger le roman chrétien comme un monument dont l'ombre dissimule l'abjection des essais naturalistes ? Nous n'osons en décider. La conception contemporaine du roman même honnête et considéré comme un moyen de défense des mœurs chrétiennes, diffère du procédé de Mme Craven. Le lecteur cherche actuellement des analyses exactes, des énigmes subtiles, des débats philosophiques, plutôt que de légères et brillantes esquisses. Mais le goût évolue sans cesse. La génération prochaine acceptera-t-elle encore le roman sous l'aspect un peu rude d'intrigues destinées seulement à lier le faisceau des documents psychologiques ou sociaux ? Voudra-t-elle toujours le roman logique, scientifique, raisonnable ou raisonneur? Ne préférera-t-elle pas, se souvenant d'illustres exemples, l'aimable simplicité dans la composition, le charme ému, l'éducation morale ou le plaisir donné par la seule puissance de l'imagination?

Comparer les œuvres dissemblables d'hier et d'aujourd'hui pour les hiérarchiser dans l'éloge, serait répondre au goût variable, non à l'impartialité d'un jugement intrinsèque. L'idéal ou la manière de Mme Craven ne semble pas inspirer nos romanciers contemporains : nous nous bornerons à cette constatation, laissant aux réputations successives qui produisent les courants littéraires ou qui sont portées par eux, le soin de diversifier sans cesse les appréciations.

Si Mme Craven a, dans un style toujours vivant, facile et personnel, servi la double cause de l'amour honnête et de la poésie, qui lui était chère, elle a fait œuvre utile ; même par le roman elle a conquis des droits à la gratitude littéraire. Si elle a charmé les imaginations, ému les cœurs, élevé les pensées, elle a atteint le but auquel, par des procédés divers, doit tendre tout romancier.

Encore — il le faut toujours répéter — le *Récit d'une Sœur* et les *Méditations* demeureront-ils des documents de spiritualité très supérieurs à toute autre page littéraire de Mme Craven.

CHAPITRE VI

LA SOUFFRANCE.

Dans le commerce familial, mondain et littéraire, Mme Craven apparaît aimante, généreuse, ardente. Sous les coups de la douleur, elle devient héroïque. Cet héroïsme n'a cependant rien de la rudesse qui marque la difficulté de triompher de soi ; c'est une exaltation de tous les nobles sentiments qui, heurtés par le contact terrestre, s'élèvent vers Dieu pour se fortifier en lui. Le gémissement de Mme Craven est presque surhumain ; il n'emprunte à la souffrance qu'un motif de foi et d'espoir.

Quelle vie fut plus cruellement traversée que celle de Mme Craven ? Tous les éléments de bonheur se dissipent ; la mort saisit les êtres les plus chers ; la ruine impose les renoncements ; aucun enfant n'assure la survivance si vivement souhaitée ; l'épreuve physique survient, et la vieillesse s'achève dans un silence presque sépulcral. Aux jours premiers, la vie ne s'était donc annoncée si radieuse à Pauline que pour créer un plus violent contraste avec tous les aspects de la douleur. La famille, le monde, promettaient toutes les joies. Dieu donna la souffrance; il la prodigua parce qu'elle seule était un présent digne de lui et de l'âme à qui il la destinait, elle seule, le don qui paye l'éternité.

Qu'un cœur aussi tendre, une sensibilité aussi inquiète, aient dû souffrir plus profondément que tout autre tempérament moral, cela est évident, et dès lors il ne s'agit plus seulement des épreuves qui fatalement assaillent toute créature humaine, ni même de leur nombre, de leur rigueur, mais surtout des délicatesses infinies que ces adversités ont meurtries. Mme Craven, par la perte d'un bonheur exceptionnel, par sa nature d'âme, connut tout l'excès de la douleur.

L'émigration en Angleterre n'avait pas trop assombri l'enfance de Pauline; à cet âge, les événements politiques ne pouvaient atteindre la sécurité de l'insouciance. L'abandon même de l'ambassade, à Rome, consenti par le comte de la Ferronnays, n'inspira qu'un bref déplaisir à la jeune fille, qui voyait cependant monter les premiers nuages à l'horizon. L'épreuve ne commença qu'au moment où Mme Craven, dans la plénitude de la force morale, put comprendre et accepter toute l'étendue de la douleur, alors que Dieu la vit préparée et plus apte à souffrir efficacement.

Ce fut la longue souffrance d'Albert de la Ferronnays qui vint troubler les joies nouvelles de Mme Craven, au lendemain de son mariage. Albert se débattant contre la mort, Alexandrine contre l'angoisse : aucun drame ne pouvait être plus poignant pour la sœur qui s'était associée si passionnément aux débuts de cet amour. Le *Récit d'une Sœur* redit la douleur que de nombreuses années n'avaient pas atténuée. De ce *Récit* nous ne détacherons qu'une page, demeurée célèbre, où la dernière rencontre du frère et de la sœur est relatée en des termes d'une précision tragique, et qui se termine par un sublime élan de foi.

« Jamais je n'oublierai l'angoisse de cette arrivée (1), écrit Mme Craven, et cette attente dans la rue pendant qu'on ouvrait la porte, pendant que mon mari faisait la question dont j'osais à peine écouter la réponse. Minuit sonna, et j'en comptais machinalement les coups. — « Arrivons-nous à temps ? — Oui, et, depuis ce matin, il est

____

(1) M. et Mme Craven arrivèrent d'Angleterre à Paris, dans la nuit du 8 au 9 juin, appelés par une plus vive inquiétude.

plutôt mieux. » Je montai et j'entrai presque sur-le-champ dans sa chambre, car il ne dormait pas. Je me jetai à son cou, et j'entends encore le son de sa voix altérée, mais si tendre et si douce toujours : « Oh! ma Pauline! » Dieu ne permit pourtant pas que je fusse présente à sa mort. Un de ces mieux qui, jusqu'au dernier jour, se produisent et font illusion, dans ces cruelles maladies, eut lieu au moment même de notre arrivée et dura pendant tout le temps de notre séjour, ne donnant aucun espoir de guérison sans doute, mais laissant croire à une prolongation qui aurait permis de le transporter à Boury où il désirait si vivement aller.

« ..... L'impression produite par tout ce que je vis et entendis pendant ce temps, par Alexandrine si transformée par sa douleur et sa foi, par Eugénie si inspirée pour partager l'une et fortifier l'autre, cette impression fut tout inattendue et étrange. C'était la première fois que je voyais la douleur et la mort.

« Humainement parlant, on ne pouvait assister à un spectacle plus déchirant, et cependant l'impression que je ressentis fut celle d'un bonheur auprès duquel celui de tous les heureux de la terre que j'allais retrouver me parut une illusion. Eugénie et Alexandrine n'étaient plus sur la terre dans ces jours de douleur, et il semblait, ainsi que l'exprima l'abbé Gerbet, « que le voile qui sépare les deux mondes fût devenu transparent », et qu'il leur était donné de goûter un instant d'avance cette réalité qui n'existe dans aucune des félicités de la terre.....

« Quand je me dis que ce rêve de douleur est passé, qu'aussi vrai que je vis encore, Alexandrine a atteint ce but si ardemment désiré, qu'elle a rejoint Albert pour ne plus jamais en être séparée, qu'ils en sont pour toujours à ce moment dont elle parle, où toutes les peines de la vie, vues du sein de l'éternelle récompense, ne sembleront plus rien du tout : ah ! je trouve qu'il serait bien égoïste de ne pas supporter paisiblement, à mon tour, le vide de leur absence et toutes les autres douleurs de la terre, avec une patience à laquelle sont moins obligés ceux qui n'ont pas vu de tels exemples et reçu de telles leçons ! »

Ainsi, dans cette première rencontre avec la mort, Mme Craven sut de l'angoisse terrestre tirer l'enseignement de la joie céleste : l'ouverture du premier tombeau familial prolongea sa vue sur l'éternité.

Le 17 janvier 1842, le comte de la Ferronnays atteint d'une maladie de cœur, mourut à Rome

presque subitement (1). Il témoigna, jusqu'au
dernier instant, de cette ferme piété dont il avait
toujours donné l'exemple à ses enfants. La disparition du chef était le découronnement de cet
édifice familial scellé par de si fortes tendresses.

Mais la conversion imprévue de M. Ratisbonne
signala les funérailles du comte de la Ferronnays :
un éclat presque miraculeux illumina la fin de
ce grand chrétien. Il sembla qu'en quittant la
terre, le comte de la Ferronnays avait voulu s'assurer un nouveau compagnon pour le ciel.

Déjà, dans une lettre qu'elle adressait à Pauline, la comtesse de la Ferronnays, rappelant les
détails des derniers jours, disait : « Théodore de
Bussière parla beaucoup à ton père, d'un juif
dont il désirait vivement la conversion (c'est le
frère de l'abbé Ratisbonne), et qui était ardent
ennemi de Jésus-Christ..... Cela avait fort inté-
ressé ton père..... » Mais, bien qu'elle soit très
connue, c'est la lettre de l'abbé Gerbet qu'il nous
faut citer pour préciser ce grand souvenir.

« Chère enfant, lorsque dans ma dernière lettre
adressée à M. Craven, je vous disais que, tout en
pleurant, vous aviez aussi à remercier beaucoup,

____

(1) Mme Craven était alors près de M. Craven, attaché à la
légation d'Angleterre à Bruxelles.

lorsque je vous disais d'élever votre cœur vers Dieu, parce que la sainte mort d'un père était aussi une grande grâce pour ses enfants, je ne savais pas encore à quel point ce mot se vérifierait. Dieu a accordé à votre famille, à vous, une des plus magnifiques consolations qu'on puisse imaginer, une de ces consolations rares, extraordinaires, qu'on n'oserait demander. Je ne puis encore vous donner dans cette lettre tous les détails, vous verrez tout à l'heure pourquoi ; mais j'ai hâte de vous le faire connaître pour le fond.

« Vous savez, chère enfant, combien je suis peu disposé à croire légèrement aux choses miraculeuses : la vénération même qu'on leur doit oblige à ne pas ajouter foi, sans de graves raisons, aux faits de ce genre. Mais ni beaucoup d'autres personnes, ni moi ne pouvons nous empêcher de croire à celle dont il s'agit. Ecoutez. Un juif appartenant à une très riche famille d'Alsace, qui se trouvait accidentellement à Rome, se promenant dans l'église de Saint-Andréa delle Fratte pendant qu'on y faisait les préparatifs pour les obsèques de votre bon père, s'y est converti subitement, comme saint Paul sur le chemin de Damas, par un de ces coups miraculeux de la puissance et de la bonté divines.

Il se trouvait debout en face d'une chapelle dédiée à l'ange gardien, à quelques pas, lorsque tout à coup il a eu une apparition lumineuse de la Sainte Vierge qui lui a fait signe d'aller vers cette chapelle. Une force irrésistible l'y a entraîné ; il y est tombé à genoux et il a été à l'instant chrétien. Sa première parole à celui qui l'avait accompagné a été, en relevant son visage inondé de larmes : « *Il faut que ce Monsieur ait beaucoup prié pour moi !* »

« Quelle parole, chère enfant, sur votre bon père, dont on allait apporter le corps dans cette église !

« Il n'y a pas moyen de suspecter la sincérité de ce jeune homme ; comme je vous l'ai dit, il est très riche, et on ne peut avoir à son égard le genre de soupçon qu'on pourrait avoir, au premier abord, sur un juif pauvre qui pourrait se faire chrétien pour être secouru par des aumônes. Celui-ci se nomme M. Ratisbonne. Il est fils d'un banquier de Strasbourg qui jouit d'une très grande fortune et de beaucoup de considération. Il devait épouser, au printemps, une jeune juive, sa parente, et sa conversion rompra très probablement son mariage. Tous ses intérêts temporels devaient empêcher sa conversion, et ses idées juives, jointes à un certain indifférentisme pour les pratiques religieuses, s'y opposaient aussi ; c'est d'ailleurs un jeune homme de très bonnes maniè-res, très spirituel et s'exprimant très bien. Il est très connu de Gustave de Bussières, dont il a été le camarade de collège et dont il est resté l'ami. Il a vingt-huit ans.

« J'ai vu, ce matin, M. Ratisbonne, j'ai recueilli de sa bouche divers détails ; il est impossible de vous dire à quel point il donne une vive idée de la conversion de saint Paul... La première pa-role qu'il a dite après le coup de la grâce est déjà bien significative par rapport à l'influence de votre père, mais il y a d'autres circonstances que je vous dirai en vous envoyant le récit complet de ce qui a précédé et suivi (1)... Dieu ! quelle ma-gnifique chose et quelle immense consolation ! Je vous laisse sur ce mot, chère enfant, vous et votre mari. Je sais tout ce que vous avez senti et tout ce que vous allez sentir. »

A cette lettre Mme Craven ajoute : « Je n'ai point ici à parler de l'état de douleur, de saisissement

(1) M. Alphonse Ratisbonne, ou plus exactement le R. P. Ratisbonne (car après sa conversion, il entra dans la com-pagnie de Jésus, puis fonda l'œuvre de Notre-Dame de Sion) aimait plus tard à répéter à Mme Craven : « Il n'y a pas sur la terre de lien plus fort que celui par lequel je me sens attaché à votre père. Je lui dois plus que la vie et je me sens plus son enfant que vous-même. »

et de surnaturelle joie dans lequel me plongea cette lettre. Cet état peut se comprendre, il ne doit point être exprimé. Je dirai seulement que la consolation ineffable qui venait adoucir notre malheur, quoiqu'elle pénétrât jusqu'au fond de mon âme, me suggéra sur-le-champ une pensée qui joignit à ma reconnaissance une sorte de terreur. Cette pensée, c'était qu'une grâce aussi extraordinaire ne nous était accordée que pour nous donner la force de souffrir encore beaucoup ! On va voir, hélas ! si ce pressentiment fut justifié.»

En effet, il semble que, selon l'expression populaire, les douleurs vont en troupe : la famille de la Ferronnays n'échappa pas à cette loi, — loi qui paraît étrange, cruelle et qui cependant n'est peut-être que miséricordieuse puisque l'âme affligée est plus rapprochée de Dieu et plus forte par conséquent pour supporter de nouvelles épreuves. Sous les coups répétés de la volonté divine, l'âme acquiert progressivement des qualités de résistance à la faiblesse humaine, ou plutôt, si nous osons parler ainsi, sous l'impulsion de tragiques événements elle se précipite comme par une vitesse acquise vers le Consolateur qui seul apparaît toujours vivant, toujours immuable au-dessus des ruines multipliées et des espérances gisantes. La douleur accidentelle, calmée par de longues périodes de paix morale, ne suffirait pas sans doute à briser les liens qui retardent les ascensions définitives. Mme Craven l'entendait bien ainsi, et tandis que les deuils l'entourent d'une horreur sacrée elle s'efforce de substituer le divin aux affections humaines.

Cependant la mort d'Eugénie, la comtesse de Mun, la jeta dans un trouble plus profond encore, plus humain peut-être que n'avaient fait les déchirements précédents. L'intimité des deux sœurs constituait non pas l'union, mais l'unité même des sentiments. La surveillante se sentit alors, et pour toute la vie, privée de la moitié de son âme ; elle éprouva comme une diminution d'elle-même.

Mme de Mun, aussitôt après la mort de M. de la Ferronnays, ranimée un instant par l'intensité de sa douleur et de sa foi, recommença à perdre rapidement ses forces. De Rome, où elle laissa presque toute sa famille avec la certitude que l'adieu était suprême, elle se rendit, sur l'ordre des médecins, à Palerme. Là elle s'éteignit, sous le souffle de l'éternité (7 avril 1842). Et ce souffle lui fut tout de douceur et de paix. Jamais elle n'avait redouté la mort, « tant depuis son enfance elle avait envisagé avec amour le moyen par lequel seul on parvient

à Dieu. » Dans ces derniers jours, elle répétait
les paroles de Marthe à Notre-Seigneur : « Seigneur, celui que vous aimez est malade », ou
plutôt n'osant s'appliquer à elle-même le texte
évangélique, elle disait : « Celle qui vous aime
tant est malade... »

C'est encore l'abbé Gerbet qui dira à Mme Craven le sens de cette mort toute irradiée de sainteté :

« Il n'y a pas eu sans doute d'apparition céleste
sur ce cercueil comme sur celui de votre bon
père, mais la lumière de la sainte vie de votre
sœur se réfléchit sur sa tombe, et à cette lumière
nous voyons sans aucun doute, sans aucun nuage,
son âme sauvée ! Toute inquiétude sur son salut, je la regarderais comme une mauvaise pensée
qui profanerait le sceau divin qui a relui en elle
jusqu'à la fin... Chère enfant, Dieu vous aime,
et il fera servir ces accablantes et douloureuses
épreuves à vous faire avancer dans son amour.
Ce progrès sera la couronne que votre âme
déposera sur ces cercueils bénits. »

Néanmoins, bien des années après cette mort,
Mme Craven écrivait : « Ce que je devins après la
réception de ces lettres et pendant les jours et les
semaines qui suivirent, je n'ai point à en parler ;
j'en retrouve la trace dans les pages de mon jour-

nal, écrites lorsque je pus écrire. Je la retrouve plus sûrement au fond de mon âme d'où *rien* ne les a effacées jamais...» Elle avoue encore qu'elle avait été malade (après l'événement) et qu'elle avait cru longtemps ne plus pouvoir écrire, parler, ni même penser. Et cette brièveté, ce silence tragique qui contrastent avec les habitudes d'expansion de Mme Craven, montrent quelle souffrance presque intolérable combattit en elle les certitudes de la foi. La victoire qu'elle remporta enfin dans la répression de l'angoisse, n'en fut que plus méritoire. On se plaît à voir cette âme qui, à certaines heures, s'était élevée sans effort apparent vers le surnaturel, prostrée, cette fois, comme le Christ lui-même au Jardin des Oliviers. L'opposition du divin et de l'humain en apparaît plus évidente : leur union définitive et nécessaire dans l'acceptation de la volonté providentielle, pour avoir coûté quelque lutte, donne une leçon plus accessible à tous.

Non certes, Mme Craven n'ignora pas les défaillances de l'âme, pas plus que ne les ignorèrent les saints que de maladroits hagiographes prétendent nous représenter constamment ravis dans l'extase ou gravissant non plus un Calvaire, mais un Thabor.

Ainsi elle se révèle moins sublime sans doute,

mais plus émouvante, plus *humaine*, que dans
l'effusion de rares faveurs surnaturelles. Toute
créature compatit et souffre avec elle, lorsqu'au
lendemain de la mort de la fille, très aimée, de la
duchesse Ravaschieri, elle avoue :.... « J'ai besoin
des consolations du P. Gratry pour fortifier mon
âme et l'élever vers le ciel... Mon vieil ami Bois-
lecomte est scandalisé de mon chagrin et m'écrit
pour m'en blâmer », ou que, dans sa méditation
de ce jour, elle gémit : « Mon âme est triste jusqu'à la mort ! Mon âme est égarée sur une mer
de douleur. Je ne puis méditer aujourd'hui. Mon
Dieu, je laisse mon cœur saigner à vos pieds. »

Le *Récit d'une Sœur* ne fut-il pas d'ailleurs pour
Mme Craven, comme, au jour de la Passion, l'ar-
rachement de la tunique qui, d'un seul coup, rou-
vrit toutes les plaies du Christ ? Et voici pourquoi
l'auteur, au début de la troisième partie du Récit,
confie au lecteur sa propre faiblesse en face de
ce champ de mort de sa famille : «... La force de
poursuivre ce récit manqua longtemps à celle qui
s'était imposé la douce et douloureuse tâche de le
conduire jusqu'au bout. Ces dernières pages,
en effet, réveillaient avec une telle intensité les
plus cruels souvenirs, qu'il n'était pas facile d'en
surmonter promptement la déchirante émotion...
Lorsque l'écriture d'Albert ou d'Alexandrine,

d'Eugénie ou d'Olga me tombe maintenant sous les
yeux ou sous la main, lorsque je prends au hasard
une de ces lettres qui me transportent dans des
milieux si différents, au milieu de choses si loin-
taines, si chères, si complètement évanouies, bientôt je n'en puis plus, je me sens accablée, étour-
die, et obligée de cesser un travail qui me charme,
qui me touche, qui me déchire le cœur... »

La douleur ancienne demeurait donc au fond de
cette âme, et, après vingt-cinq années, par des
éruptions renouvelées, en troublait encore la paix
reconquise.

La femme qui a su si profondément et longuement souffrir et qui, néanmoins, a toujours retrouvé la force d'offrir sa douleur à Dieu, est vraiment
la prêtresse de la souffrance chrétienne.

Mais nous n'avons pas achevé la description
des tempêtes qui effeuillèrent l'arbre, si touffu
jadis, de la famille de la Ferronnays. Nous nous
sommes arrêtés devant Mme **Craven** au moment
où la mort de Mme de Mun la terrasse sur la
voie douloureuse. A peine s'est-elle relevée,
meurtrie pour toujours, que de nouvelles inquiétudes l'assaillent et la « persuadent » qu'Olga, sa
jeune sœur, est condamnée à une mort prochaine.

En effet, cinq mois suffisent pour flétrir cette
fleur de beauté et de grâce. Une souffrance subite

ressentie en Belgique, sur la plage de Blanken-
berg, un retour rapide à Bruxelles chez les Craven, et voici que le mal se révèle implacable. Cette
fois, Pauline peut demeurer près du chevet que va
visiter la mort ; elle offre à sa sœur moins l'abri
matériel que la force de la foi. Mais la douce Olga
a-t-elle vraiment besoin qu'on la soutienne dans
l'épreuve ? Elle chemine modeste et calme vers
l'éternité comme l'enfant qui rentre au foyer,
rappelée par l'invitation d'un bon père ; elle demeure insoucieuse des joies à peine entrevues.
Elle s'absorbe dans le divin, et c'est un échange
de pensées partagées entre Pauline et Olga dans
l'attente solennelle de la mort. Ou bien Pauline
entend ces paroles : « Je *n'aime* pas la souffrance,
mais je comprends qu'il faut souffrir ; quand la
tête a mal tout le corps souffre. Jésus-Christ est
notre tête » ; « je fais chaque jour un bouquet de
mes souffrances et je l'offre pour les uns et les
autres. Puis-je dire que j'aime mieux ceci ou cela ?
Jésus-Christ sur la croix n'a pas dit j'*aime mieux*,
lui ! »

Lorsque ces paroles, devenues célèbres comme
le résumé de la pensée chrétienne : « Je crois,
j'aime, j'espère, je me repens », eurent dit l'adieu
de la mourante, Mme Craven put s'écrier : « Nous
avons passé près d'elle le reste du jour, l'âme

en paix, presque joyeuses, priant et pleurant
sans amertume », et graver en son propre cœur
cette épitaphe : « Oh ! mon Dieu ! » que ce souvenir nous reste bien clair toujours ! Une expression rayonnante a toujours triomphé de l'ef-
frayante décomposition de ses traits. Elle était
haletante, mais comme on peut l'être au moment
de gagner le prix d'une course, hors d'haleine et
fatiguée, mais joyeuse et triomphante, sachant
qu'elle allait être couronnée et se reposer ! »

Mlles Narihkin, amies intimes d'Olga, n'ar rivè-
rent qu'après le décès. Elles prièrent longuement
près de la morte. Toutes deux appartenaient à la
religion schismatique; à quelque temps de là, elles
se convertirent au catholicisme, et l'une d'elles,
Natalie, acquit, comme religieuse de Saint-Vincent
de Paul, un renom de sainteté. Mme Craven lui a
consacré l'une de ses plus touchantes biographies.
Doit-on établir quelque relation secrète entre
cette mort féconde en mérites, cette amitié devenue tutélaire par la participation à la puissance
céleste, et ces conversions ? Le mystère d'outre-
tombe commande la réserve, il n'interdit pas la
confiance dans les faveurs célestes, et cette
confiance, prix de l'holocauste, comme au jour de
la mort du comte de la Ferronnays, illumina
encore le deuil familial.

L'année 1842 avait frappé de terribles coups ;
l'année 1848 allait être une nouvelle ère de douleur. Cependant la mort d'Alexandrine fut si complètement dénuée des affres humaines, elle apparaît si évidemment comme le passage souhaité,
impatiemment attendu, entre la souffrance terrestre et la joie céleste, que l'on peut à peine parler
d'affliction en présence de ces frémissements de
l'âme qui aspire aux réunions éternelles.

La veuve d'Albert de la Ferronnays avait vécu
dans la retraite, la prière, la pratique des œuvres
pies, surtout dans l'humilité, — une humilité qui
redoutait l'éclat d'un grand nom et même la déférence mondaine qu'il imposait. Elle cherchait l'u-
nion avec le cher disparu dans le silence ou parmi
les pauvres, c'est-à-dire là seulement où l'on peut
entendre Dieu ou bien en rencontrer l'image souf-
frante. Cette fuite de toute satisfaction, elle l'exprimait en écrivant à sa belles-œur : « Ah ! oui, le
bonheur et le bien-être, je les aime bien, et non
moins que toi, je t'assure ; mais les atteint-on
jamais ici-bas ? Tout cela n'est-il pas toujours à
l'état d'oignon comparé à la fleur ? Et plus on s'en
passe ici, plus on en aura éternellement. »

L'amour de l'humiliation l'incite à controver-
ser sur le genre de méditations que doit inspirer
la mort : « Je comprends du reste à merveille que

ce qui te détache le plus de la terre, c'est la transfiguration de la mort ; chacun a son attrait, et il faut le suivre en liberté. Mais comment dire que tu ne vois pas le but d'une méditation qui vous fait *palper* ce que deviendra notre corps lorsque, plus ou moins, tous nous aimons tant ce corps et sommes si incrédules à l'égard de sa dissolution ! Quand cela ne ferait qu'humilier et nous montrer notre néant, ce serait encore excellent. »

Elle avait demandé à être enterrée comme les pauvres : effectivement l'affluence énorme des amis qui s'associèrent à ses funérailles remplaça tout luxe de décoration.

Lorsque la maladie survint, inexorable quoique lente dans sa marche, la jeune veuve sembla écarter ses voiles de crêpe pour contempler, avec une joie, depuis longtemps inconnue, la lumière qui allait éclairer ses noces éternelles. Lui promettre encore de longs jours renouvelait sa tristesse ; à une amie qui essayait de nier la gravité de la maladie, elle répondait : « Oh ! non, ne dites pas cela ; laissez-moi *savourer la pensée de ma mort.* » A la comtesse de la Ferronnays elle demandait : « Et vous, ma mère, n'êtes-vous pas bien pressée, vous, aussi de voir Dieu ? »

Le comte de Montalembert a fixé quelques traits de la physionomie d'Alexandrine mourante : « Elle

est morte heureuse et bienheureuse, en répétant
sans cesse : « Je me sens parfaitement bien, il ne
me manque rien. Est-il possible que ce soit déjà
la mort ? qu'il soit si facile de mourir ? Où sont
les angoisses de la mort que je redoutais tant ?
Dites bien à Pauline que ce n'est rien, rien du
tout, de mourir ainsi ; que je meurs joyeuse et
ravie. Je vais voir le ciel !... revoir Albert !...
Eugénie, Olga !... ce sera si beau ! »

Pauline n'avait pu accourir près de la mourante. L'éloignement lui valut cette dernière lettre
où se résument la tendresse et la spiritualité du
commerce des deux sœurs.

« Ma plus chère amie et sœur, Dieu, qui ar-
range tout pour le mieux, l'a aussi fait en ne te
laissant pas revenir, j'en suis convaincue. Je t'ai
désirée aussi vivement que possible ; mais qu'importe ? nous ne sommes jamais séparés, et bientôt je serai là où l'on comprend l'admirable unité
qui nous lie tous en Dieu, et j'espère que je pourrai te regarder ; mais prie beaucoup pour moi,
quand je serai en purgatoire. Quelle pureté faut-
il pour entrer au ciel ! Cependant j'ai, par la grâce
infinie de Dieu, une douce confiance en l'excès de
ses miséricordes. Je t'aimerai encore davantage
là où tout est amour, et nous causerons, les autres
chéris et moi. Mais, mon Dieu! je ne parle pas de

ce que ce sera de voir Dieu et la Sainte Vierge, tous les anges, tous les saints, et d'être délivrée des peines si variées et si affreuses de cette vie de péché ! Embrasse Auguste que j'unis dans mon cœur avec toi. »

Alexandrine avait été, pendant douze années, la messagère de paix, la directrice de vie intérieure pour Mme Craven. Celle-ci, par des voyages incessants, les obligations de la vie mondaine, la passion des hautes idées et aussi par une certaine ardeur de caractère, était portée à s'extérioriser. L'humble Alexandrine approuvait toute élévation de la pensée et conséquemment admettait les inquiétudes et les luttes que suscite le souci de la vérité ; mais elle savait, en termes discrets, rappeler à propos la nécessité de conserver la paix de l'âme et par quels moyens on la peut assurer. Elle disait à Pauline : « Oh ! l'âme est une bien belle chose ! On sent, sans explication, qu'une seule âme vaut mieux que l'univers matériel tout entier » ; ou encore : « Il est temps, sœur bien-aimée, âme chère et lumineuse, il est temps que tu ne te laisses plus séduire par le génie et l'éloquence, rayons divins tant qu'ils restent solidement attachés au soleil vivant qui les a fait naître, mais rayons qui brûlent et détruisent dès qu'ils s'en détachent le moins du monde ! » Et enfin : « J'aime bien ces belles idées que tu me communiques, mais la politique est le jeu des âmes, le drame de « l'homme qui s'agite et de Dieu qui le mène », et je crois, sans la connaître, qu'il y en a une qui peut être magnifique ; mais quant à ses intrigues de toutes les espèces, Radowitz a bien raison, il n'en restera déci dément rien, pas même une noire fumée... Comme les émotions ont tant de charme, on devrait les chercher là où tout est réel, là où l'on voit que l'invisible est beaucoup plus vrai que le visible, là où l'on voit quel rôle on joue soi-même dans la *divina Comedia* qui a des personnages et des scènes, — et quels personnages et quelles scènes ! — et qui n'est pas une fiction ! On est étonné quand on sort de là (d'une retraite fermée), étonné et heureux. Ma sœur, donne-moi ce bonheur. » Au dernier jour, elle lui lègue cette parole suprême : « Qu'on dise à Pauline que c'est si doux de mourir ! »

La conversation, la correspondance, l'exemple, avaient exprimé la sérénité d'Alexandrine et en avaient offert le bienfait à Mme Craven. Celle-ci, lorsqu'elle ne connut plus que le souvenir de ces épanchements, pouvait dire encore : « Les morts bienheureuses ne laissent-elles pas après elles de douces lueurs à contempler, de doux sons à recueillir ? » Alexandrine demeura pour toute l'existence de Pauline la lueur d'aube qui dissipe les ombres, l'harmonie suave qui atténue les dissonances de la vie.

La répétition des deuils produit la monotonie du récit. Toutes ces morts sanctifiées ont entre elles une divine ressemblance. Nous osons donc à peine convier le lecteur à s'agenouiller devant un nouveau chevet d'agonie. Cependant il convient d'accompagner Mme Craven à toutes les stations de son portement de croix, puisque, chacune de ces stations marque l'un des événements les plus graves de sa vie, puisque aussi chacune révèle un nouvel élan de son âme. De n'avoir pas subi la lassitude de la douleur et d'en avoir analysé, accepté, aimé toutes les grandeurs, est peut-être la plus noble et la plus rare caractéristique de notre héroïne. Chaque mort familiale eut pour elle un sens spécial : il nous faut bien comprendre ce sens diversifié si nous voulons suivre, en son développement, l'âme dont nous étudions la formation parfaite.

Arrivée à la mémoire de sa mère, Mme Craven s'écrie : « Que Dieu soit béni de tout !... béni même de ce dessein de sa Providence, si rigoureux lorsqu'il s'accomplit, qui voulut que ce bienheureux cortège d'âmes chéries fût fermé par celle à laquelle, entre toutes, doivent se rappor-

ter les grâces qui, dans ce récit, ont été mêlées
aux épreuves, les bénédictions qui les ont accom-
pagnées et les consolations qui les ont adoucies !
Ah ! sans doute, on ne peut pénétrer des mys-
tères connus de Dieu seul ; mais toutefois s'il fallait dire quelle est la prière qui a tout obtenu, lequel de nous, parmi ceux qui restent ou parmi
ceux qui nous ont quittés, ne dirait sans hésiter
que c'est la prière sortie du cœur pur et
tendre, humble et fervent, du cœur incomparable
de notre mère ! Et tandis qu'avec une profonde
conviction je rends à cette sainte mémoire ce
pieux et dernier hommage, il me semble entendre
la voix de ceux qui ne sont plus m'approuver et
dire que la première joie de cette réunion éternelle a été, pour ma mère, celle de les entendre
tous la bénir de leur félicité ! »

Nous avons dit déjà quel amour maternel et filial vraiment exceptionnel unissait Mme de la Ferronnays et sa fille Pauline. Une telle vivacité de
sentiments pouvait produire, au moment de la
séparation, une révolte de la nature humaine ;
mais, cette fois encore, la paix de Dieu précéda,
accompagna, suivit la visite de la mort. Pauline
était là (1) ; elle vit la maladie éclater soudain, se

(1) Mme de la Ferronnays, à la suite des événements poli-

hâter dans son œuvre ; elle reçut les derniers embrassements. Lorsqu'elle entendit sa mère murmurer : « Je crois que je vais mourir, je crois que c'est la mort... mon Dieu ! je vous donne mon cœur, mon âme, ma volonté, ma vie ! » et répéter les dernières paroles prononcées par Olga : « Je crois, j'aime, j'espère, je me repens », elle éprouva — elle-même l'avoue — une *singulière joie*.

Vraiment les la Ferronnays savaient mourir ! Et cette science, ils la tenaient de la pratique de la vie chrétienne. Le livre de la foi leur offrait le feuillet où s'inscrivait le mérite de chaque jour ; la page finale résumait la conclusion facile. Si l'on veut comprendre l'enseignement du milieu où vécut Mme Craven, et pénétrer le secret même des « élévations » de notre héroïne, il faut rappeler ces cris d'âme qui tant de fois autour d'elle célébrèrent la fin de l'exil : ils retentirent toujours dans son cœur. Elle apprit de ces chers disparus comment, longtemps après, elle-même devait mourir ; elle apprit d'eux encore — leçon plus difficile — avec quelle sérénité toujours égale on doit s'acheminer vers le but dont l'horreur devient béatitude quand on l'éclaire des lumières de la foi.

tiques qui bouleversaient la France, s'était réfugiée près de Mme Craven en Allemagne, à Bade. C'est là qu'elle mourut, le 15 novembre 1848, après quatre jours de maladie.

CHAPITRE VII

La physionomie de Mme Craven semble s'enlever sur un fond de souffrance. Non pas assurément que les joies familiales, les plaisirs mondains, les satisfactions de l'esprit aient manqué à cette existence par certains côtés si favorisée. Mais toujours l'inquiétude et le regret ont pour Mme Craven mélangé l'amertume à la douceur de vivre. Ce fut sans doute un assagissement pour cette imagination très vive qui eût pu s'éprendre des spéculations vaines de l'esprit ou se donner trop complètement aux conditions matérielles du bonheur ; ce fut très certainement une formation spéciale qui lui donna la noblesse et le charme des êtres qui contractent la passion du divin pour avoir trop souffert de l'humain, et sa figure en demeure, en quelque sorte, immatérialisée. Mme Craven a traversé la vie comme guidée par une cohorte céleste vers laquelle se levaient ses regards (1).

La foi ne lui donnait pas seule la nostalgie de l'éternité, le cœur lui aussi subissait l'attirance de l'au-delà.

Voilà ce que, par une trop funèbre énumération, il convenait d'établir. On en comprendra mieux la vie intime de Mme Craven et l'attitude de sa démarche sur la route de très nombreuses années.

La longue consolation de Mme Craven fut la conformité de sentiments, qui — rare conclusion d'un mariage d'amour — maintint les deux époux unis dans la réciprocité de l'estime et de l'affection ; ce fut aussi le dévouement même qu'elle témoigna constamment à son mari. Ce dévouement trouva de fréquentes occasions de s'exercer : la fatigue morale causée par d'incessants changements de résidences, la perte de la fortune, les déceptions dans la vie publique furent des épreuves que M. Craven apporta involontairement à sa femme. Elle s'ingénia à diminuer pour son mari ces amertumes et à les ac-

____

(1) Même au point de vue purement physique, cette remarque a été faite. La duchesse Ravaschieri-Fieschi, relatant sa première entrevue avec Mme Craven, observait « qu'il y avait dans son regard cette lumière lointaine qui illumine les yeux de ceux qui cherchent le ciel ».

cepter discrètement pour elle-même. Par là, elle
donna un but particulier à sa vie : soutenir, fortifier celui qu'elle avait choisi. Et cette aide, ce sacrifice, devinrent, ainsi qu'il sied à toute femme
aimante, une joie pour la générosité de son cœur.

M. Craven savait être reconnaissant. Dans une
lettre citée par Mrs Bishop, et qui date de 1878,
il écrivait à sa femme : « Vous occupez toutes
mes pensées qui se résument en une seule : la
ferme conviction que si notre carrière terrestre
est à peu près terminée, nous avons devant nous,
avec la grâce de Dieu, une vie éternelle plus heureuse que celle-ci et pendant laquelle nous ne
serons jamais séparés. Le plus tôt que sonnera
cette heure, le mieux cela vaudra. En attendant,
que Dieu vous bénisse, vous, le cher ange qui plus
que tout et que personne m'avez appris à l'aimer. »

On a peu parlé de M. Craven. Sans doute, le
prestige des la Ferronnays n'a pas rejailli sur lui
qui demeurait moins en vue. Sans doute encore,
l'œuvre littéraire, les amitiés de Mme Craven
créèrent à celle-ci une situation tout individuelle :
son mari n'y participa qu'indirectement. Mais,
précisément, il sut se faire apprécier sans prétendre aux succès de sa femme. Il partagea
les relations de Mme Craven, s'associa à ses

idées, mais il admirait trop ce tempérament très personnel pour ne pas en respecter le libre développement et l'entraver par une direction jalouse. Il pensait avec elle, et l'encourageait, mais lorsqu'elle affrontait, par la doctrine et ses écrits, le jugement public, il lui laissait tout l'honneur de l'initiative et la personnalité du mérite.

C'était non pas un homme timide, effacé, ébloui naïvement par le talent et les qualités de sa femme, mais un galant homme qui, avec un tact affectueux, entendait tenir au premier rang celle qui le méritait. Mme Craven luttait aussi de délicatesse. Lorsque, particulièrement en Angleterre, M. Craven était victime de certaines hostilités, elle repoussait les avances, si honorables fussent elles, qui prétendaient la distinguer de son mari.

N'a-t-on pas reproché à Mme Craven de n'avoir pas parlé de M. Craven dans ses livres, ou tout du moins dans le livre de famille le *Récit d'une Sœur* ? — Le reproche est étrange. Il a semblé à quelques critiques téméraire de livrer au public les intimités familiales : n'eût-on pas plus justement blâmé la femme de faire intervenir son mari vivant, de révéler tous les secrets actuels du cœur, alors qu'elle ne pouvait invoquer le *recul* que la mort donne aux figures, les droits que l'histoire confère sur les êtres disparus ! Il fallait bien, pour narrer le drame sacré d'Albert et d'Alexandrine, développer le contexte : une galerie de portraits devait entourer ces têtes si chères pour expliquer les ressemblances et les origines. Mme Craven a ainsi formé un tout complet des éléments qui donnent au *Récit* la vivacité de l'intérêt et la force d'édification. Mais quel motif d'introduire son mari dans l'épopée d'une famille à laquelle ne les rattachaient que des liens d'alliance ? de distraire le respect du public pour le foyer dévasté, et de diriger la curiosité vers un autre foyer où régnait le bonheur discret ? La mémoire de M. Craven s'est trouvée diminuée de n'avoir pas eu accès dans l'immortalité des la Ferronnays, et si nous l'osons dire, de subir comme jugement une comparaison.

M. Craven ne fut heureux ni dans la carrière diplomatique ni dans ses entreprises. Et ce fut sans doute une injure imméritée du sort. Il lui manqua l'occasion d'imposer par le succès le respect des qualités que lui reconnaissaient ses amis. Du moins, il supporta ces épreuves avec une aimable résignation.

Pour n'avoir pu prendre part à la direction des événements politiques, il montra néanmoins que, par l'intelligence et l'activité, il était digne des hautes situations que lui refusèrent les circonstances.

Augustus Craven avait débuté très jeune dans les cadres de l'armée anglaise : il tint garnison à Gibraltar. En 1830, il quitta l'armée pour la diplomatie. Son entrée dans la légation anglaise à Naples présageait un brillant avenir. Son père, M. Keppel Craven, occupait, tant à la cour que dans la société britannique, une trop haute situation pour ne pas ajouter quelque éclat au mérite de son fils. Ce mérite s'affirmait par la perfection de l'éducation, par une érudition variée et particulièrement complète dans les langues et la littérature, dans les beaux-arts et l'archéologie médiévale, et aussi par un charme de relations que favorisaient même les dons physiques.

Très sympathique à son chef de légation, Sir William Temple, frère de lord Palmerston, le jeune attaché eut toute liberté dans le choix de ses amitiés. Aussitôt après son mariage avec Pauline de la Ferronnays en 1834, il ouvrit un salon où se donnèrent rendez-vous les représentants de l'idée libérale en Italie, en France et en Angleterre : ce fut l'école qui fortifia chez Mme Craven les convictions reçues de la famille. En son mari, habile à grouper et à éveiller les esprits, elle trouva l'inspirateur qui l'aida à formuler en programme les aspirations de sa jeunesse.

Après un séjour de quelques mois en Angleterre qui lui permit de présenter sa femme à l'aristocratie anglaise, M. Craven fut nommé attaché à Lisbonne (décembre 1836) : il y trouva aux prises les partisans de la charte de don Pedro et ceux de don Miguel. Conformément à ses tendances personnelles et aux instructions de son gouvernement, il soutint les efforts du parti libéral modéré et contribua à la défense des droits de la reine Dona Maria. La résidence qu'il choisit près de Cintra charmait Mme Craven qui écrivait à ses sœurs. «... Nous voici installés dans notre « cottage » dont la vue me ravit et va, je crois, me rendre meilleure. Tout dans ce cottage est d'une simplicité rustique. On ne peut rien imaginer de plus champêtre, mais la vue est plus délicieuse encore qu'à Lisbonne. »

En 1840, M. Craven était appelé à la légation de Bruxelles; en 1843, à celle de Stuttgard; en 1847, il devenait, pour quelques mois, secrétaire de lord Normanby à Paris. Ces changements de résidence ouvraient à Mme Craven des vues nouvelles sur le monde étranger. En s'intéressant discrètement aux enquêtes diplomatiques, elle découvrait les ressorts multiples de la politique comme aussi la pensée des chefs.

L'âge et les infirmités créaient à M. Keppel Craven une solitude pénible ; son fils et sa belle-fille crurent donc devoir se rendre auprès de lui à Naples, en 1851. Cependant la question religieuse, nous voulons dire la conversion au catholicisme de M. Augustus Craven, inspirait au vieillard un ressentiment et une défiance que ni l'affection ni une extrême prudence ne réussirent à dissiper. Mme Craven offrit toute la tendresse et la délicatesse de son cœur, son mari toute la piété filiale : néanmoins, ils durent s'avouer que le moribond redoutait d'être circonvenu, évitait tout contact de pensée avec eux. Par respect pour cet état d'esprit, ils retournèrent en Angleterre : quelques semaines plus tard M. Keppel Craven mourait, laissant d'ailleurs sa fortune à son fils.

Pendant ce court séjour à Naples, Mme Craven retrouva du moins la brillante société cosmopolite et italienne qu'elle avait déjà appris à aimer, que maintenant elle aimait plus encore parce qu'elle la parait des souvenirs de sa jeunesse heureuse. Elle y distingua la duchesse Ravaschieri et lia avec elle l'une de ses plus ferventes amitiés.

Ce fut le charme de ce milieu aristocratique, intellectuel, artiste, qui détermina la prochaine décision de M. et de Mme Craven après l'épreuve qui les attendait en Angleterre. Ce fut aussi l'ardeur de la lutte politique en Italie qui les captiva : les symptômes de ruine s'accentuaient pour la monarchie napolitaine ; questions religieuses et nationales, passions populaires, programmes doctrinaux, jaillissaient et se heurtaient confusément comme en une éruption volcanique. N'y avait-il pas là, pour des observateurs attentifs, une rare occasion de voir les faits se dégager des principes, les réalités évoluer sous l'impulsion des thèses ? Enfin Mme Craven aimait le *pays du soleil*. De l'Angleterre elle remarquait bien que « les visites du soleil y étant plus rares qu'ailleurs, on veut du moins que ses rayons rencontrent le moins possible la laideur, la saleté et la malpropreté... Lorsque le soleil sourit à cette terre verdoyante, on peut dire qu'il la trouve belle et parée comme une reine pour le recevoir. » Mais le soleil est un commensal plus fidèle du pays napolitain, et la splendeur de la *réception* qu'il y trouve est plus séduisante encore que la correction du paysage anglais. Sans doute, ces impressions premières, renouvelées des jours de la jeunesse, se modifièrent rapidement, et, ainsi que nous le

verrons, nos errants ne trouvèrent pas à Naples
le lieu du repos qu'ils souhaitaient. Mais alors les
grâces de l'abord napolitain les charmèrent.

Toutes ces raisons influencèrent M. et Mme Craven : surtout ils voulurent fuir la double désil-
lusion qui les accueillit en Angleterre.

M. Craven aimait sa carrière : la diplomatie
répondait à sa culture et à ses goûts mondains. Mais la faveur lui manqua. Les pro-
tecteurs qui avaient assuré ses débuts étaient
morts ou écartés du pouvoir : dès lors, quel avan-
cement espérer ? M. Craven crut pouvoir abandonner les affaires étrangères pour se donner à
la politique intérieure. Ses amis l'engagèrent, à
l'occasion des élections de 1852, à solliciter les
suffrages du comté de Dublin où une candi-
dature Whig paraissait utile : il eût défendu habilement au Parlement les idées libérales et
catholiques au moment même où se produisait
une nouvelle réaction du protestantisme contre
la papauté. Mme Craven approuvait vivement ce
projet. Elle eût été fière de voir son mari devenir
le champion officiel de la bonne cause, de saluer
en lui un chef, non par vanité mais parce qu'elle
voulait l'élever au-dessus d'elle-même et lui confier les destins de sa propre foi religieuse et
politique. Et aussi, ajoutait-elle, « je serais par-

faitement heureuse si je voyais Auguste occupé
et avec une position. Il ne peut pas vivre dans
l'oisiveté, et son triomphe sera mon repos. »

M. Craven échoua : la faveur de lord Palmerston et le zèle des amis ne se manifestèrent
pas tels qu'ils avaient été promis. Les regrets
furent vifs : l'avenir semblait fermé. On décida
le retour à Naples, — non cependant sans quelque amertume.

Mme Craven écrivait alors à la duchesse Ravaschieri : « Je vis entre deux courants opposés : un
qui nous conduit vers votre ciel, votre Naples. Je
sens pour lui ce douloureux désir pour lequel les
Allemands ont inventé un mot spécial. De l'autre
côté, j'éprouve une nouvelle jouissance au Nord,
de sa vie sérieuse et saine, qui, en ce moment, me
paraît plus en harmonie avec mes goûts. Avant
notre désastreuse défaite, il me semblait que Dieu
avait sagement disposé de ma vie, en donnant ma
première jeunesse à l'Italie et les années suivantes
à l'Angleterre. Mais puisque ce pays que j'aime si
tendrement, ne veut pas de nous, il faut bien que je
revienne à mon premier amour, que je retourne
à la côte de Chiatamone qui me sourit dans toute
sa splendeur. »

Le petit palais de Chiatamone avait été habité
et décoré par M. Keppel Craven ; le style empire

et le confort anglais y voisinaient avec moins
d'harmonie peut-être que n'en présentait le décor
extérieur, la baie de Naples dans la grâce
noble et prenante de son enlacement. Cependant l'art, par une rare collection de tableaux,
ajoutait aux beautés naturelles; une bibliothèque
de huit mille volumes s'offrait à l'érudition.
La demeure était facile aux larges pensées
comme aux entretiens intimes, aux curiosi-
tés de l'esprit comme à la paix des contemplations. Et les amis vinrent nombreux et
confiants vers la « Casa Craven », qui à tous les
cœurs et à toutes les intelligences faisait un
cordial accueil.

La société anglaise qui fréquentait alors à la
Casa était brillante : elle comptait de hautes
personnalités et donnait à ce cercle la belle tenue
d'esprit et de caractère que recherchait la maîtresse de maison.

Mais la préoccupation de la bienfaisance s'imposa aussitôt comme correctif des satisfactions
mondaines (1). Pour subvenir au budget de cer-

(1) Mme Craven s'occupa toujours très activement des
œuvres charitables napolitaines. Elle visitait les pauvres,
sollicitait le concours de ses amis. Dans son livre intitulé
Réminiscences, elle a consacré un chapitre à l'étude de
l'*Histoire de la charité à Naples*, ouvrage rédigé par son amie
Mme la duchesse Ravaschieri. Elle-même ajouta par ses

taines œuvres, on sollicita Mme Craven de prendre part à des comédies de salon. Elle hésita, elle ressentait une vive répugnance à se donner en spectacle, plus encore à donner le spectacle d'une joie feinte.

« Depuis les chagrins qui ont changé ma vie, écrit-elle dans son journal, et dont les traces intimes sont ineffaçables, j'ai toujours éprouvé cette répugnance tout en ayant repris à l'extérieur ma première manière de vivre. Mais ici, à Naples, où ces représentations sont associées au souvenir du temps le plus heureux de ma jeunesse et de ceux qui la partagèrent avec moi, ma répugnance est plus grande même qu'à l'ordinaire. Bien des circonstances se sont réunies pour rendre la chose agréable à Auguste... Une fois lancée, je sens toujours suffisamment revivre en moi la vieille prédilection pour m'intéresser et pour éprouver de la satisfaction de ce qui se passe. Mais dans cette occasion, cette idée m'était parti-

créations bien des pages à cette histoire de la charité pour le pays napolitain : ouvroirs, orphelinats, adoption d'enfants abandonnés furent spécialement l'œuvre de son zèle. Dans son regret de n'être pas mère, elle aimait à donner à l'enfance les preuves de la maternité du cœur. Lorsqu'elle eut quitté définitivement l'Italie, des religieuses continuèrent, par ses soins, à développer son œuvre éducatrice.

culièrement pénible, et ce fut seulement une semaine environ avant la représentation que je me
trouvai dans de bonnes dispositions qui furent
bientôt troublées. »

En effet lord Belfast, qui devait tenir un rôle
dans la comédie projetée, mourut après une très
courte maladie, le jour même fixé pour la représentation. Mme Craven nota l'impression que lui
causa cet événement : « On ne peut dépeindre
l'espèce de terreur que j'éprouvai en repassant
les circonstances des jours précédents. Sans
doute que ce contraste augmenta la violence de
mon impression, et pourtant je disais que ce
n'était pas la mort, mais le plaisir qui était à
blâmer. La mort a le droit de nous surprendre,
et le plaisir ne devrait jamais nous faire perdre la
mort de vue... Bien que notre occupation fût frivole, elle n'était pas mauvaise, Dieu merci ! Que
celui qui sonde les cœurs et ne condamne que le
péché ait pitié de lui et de nous tous. »

Au mois de mai 1853, M. et Mme Craven retournèrent à Londres avec quelque espoir de ménager
une rentrée dans la carrière diplomatique. Alors
se manifeste un sentiment qui désormais domi-
nera la vie de Mme Craven, — le désir du repos
après une existence si vagabonde, de la solitude
et de la méditation après tant d'épreuves. Ce

sentiment se traduira discrètement mais avec persistance :

« Ce dont je jouis réellement à Naples, c'est de la délicieuse maison dans laquelle je vis, des aimables et bons amis que je vois chaque jour, et du charme général de l'existence, *bien que, pour mon goût, elle manque de silence et de tranquillité.* Cependant, puisque mon étoile semble me ramener à Naples, au lieu de m'en éloigner comme je m'y attendais, je veux essayer de surmonter l'extraordinaire répugnance que j'éprouve devant cette nature, la plus belle du monde. Après tout, ce n'est pas l'endroit qui m'inspire cette répugnance... Je ne suis pas assez absurde pour ne pas aimer tout cela. Cependant je consentirais à le quitter pour toujours, si je pouvais obtenir à ce prix ce que j'ai le plus désiré, un travail actif et utile pour Auguste, et *pour moi le calme et la solitude...* »

A la fin de ce court séjour à Londres, de cette « visite marquée par des espérances déçues », Mme Craven dit encore : « Cette contrariété dans mes anciens projets est une épreuve : elle éloigne cette *stabilité* que je croyais avoir atteinte. » Et encore : « Comment puis-je regretter un endroit [sa maison à Londres] qui me rappelle si peu d'agréables souvenirs ? moi qui aime tant à vivre dans le passé ? Je ne sais pourquoi, mais en dépit de tout, *j'ai eu beaucoup de repos.* »

En réalité, le repos, c'était pour Mme Craven bien moins l'absence d'activité physique ou l'isolement que la quiétude de son être dans les hautes contemplations : son esprit et son cœur — et elle ne vivait que par l'esprit et par le cœur — se reposaient dans de pures jouissances. A ces jouissances il fallait des motifs très délicats et très élevés.

Après le premier éblouissement de la lumière italienne, les yeux de Mme Craven percevaient trop aisément la laideur architecturale et la malpropreté de Naples, l'absence des vestiges de l'antiquité, la paresse populaire, la puérilité des préoccupations mondaines. Le tableau ne valait pas le cadre : cela l'offusquait, et sa pensée errait inquiète ne trouvant pas d'objet qui l'intéressât. Elle a la sensation du vide, — d'un vide que n'emplit pas la factice agitation de la vie extérieure. « Naples est aussi fatigant que bruyant. Par le manque d'intérêt l'esprit s'endort ; l'attention est distraite par le bruit, et le recueillement est presque impossible. »

En revanche, lorsqu'en 1854 elle fait un séjour à Rome, elle s'enthousiasme parce que là tout fournit un aliment ou un ornement à son esprit :

« Si je devais exprimer en un mot l'effet que Rome
m'a produit, je dirais que c'est exactement le
contraire de ce que j'ai éprouvé à Naples. En
approchant de Rome, je sens mon cœur réchauffé
et mon intelligence agrandie ; et plus j'y reste,
plus ce sentiment augmente. Beauté de la nature,
beauté de l'art, beauté du passé antique et du
passé chrétien, et, pour tout couronner, beauté de
la religion. Tel est l'effet général, telles sont les
sources de mes satisfactions dans le lieu le plus
grand de la terre (1). »

(1) En 1887, Mme Craven résumait à Miss O'Meara les
dernières impressions ou plutôt les regrets, les craintes
qu'évoquait la Rome *moderne*: « Quand je vis Rome pour la
dernière fois (en 1870), elle était déjà changée. Ce n'était plus
la ville calme et majestueuse de ma jeunesse, car l'ombre
des événements prochains planait déjà sur elle, et, de plus,
l'année du concile, la plus intéressante de ma vie, n'était
pas une période de paix. Je n'éprouve aucun désir de *la*
revoir telle qu'elle est, et même, si je pouvais retourner dans
Rome capitale, je m'y refuserais. Je veux conserver intactes
mes anciennes impressions. Pour vous qui êtes jeune et
qui appartenez au présent, vous trouverez encore, je le sais,
beaucoup à aimer, à vénérer bien des choses qui vous
charmeront. Je ne serais pas surprise si, même maintenant,
vous trouviez difficile de vous fixer ailleurs, après avoir
habité Rome quelque temps. Autrefois il en était ainsi.
Chacun était retenu par un charme différent, selon son caractère ou sa nationalité. Tout le monde le subissait et
l'expliquait de mille manières ; mais il m'a toujours semblé
que nous seuls catholiques comprenons absolument d'où il
venait. »

La dépression morale de Mme Craven tenait encore à des causes profondes. L'une de ces causes était de n'avoir pas d'enfant. Un cœur si tendre, si disposé à se donner, qui s'attachait alors avec tant de passion à la fille de la duchesse Ravaschieri, devait cruellement souffrir de ne pas connaître la puissance créatrice de l'amour maternel.

« Par-dessus tout, dit-elle, j'ai éprouvé dans toute son ancienne amertume le poignant regret de n'avoir pas d'enfants, regret proportionné à l'amour que je leur porte. C'est le plus fort dont mon cœur soit capable, et il se répand, que je le veuille ou non, sur tout enfant qui se blottit dans mes bras. J'aime les enfants, et je pleure ceux dont la place est restée vide. Que la volonté de Dieu soit aimée et obéie ! C'est facile à dire aujourd'hui, mais dans mes heures d'orage cette voix du passé n'a pas été muette ! »

Plus tard, il est vrai, Mme Craven tire un argument divin du vide même de son foyer : « Quand la vie est finie et que nous n'avons pas d'enfants en qui nous la voyons recommencer sous une forme plus belle, — peut-être parce qu'elle est moins égoïste qu'avant, — le spectacle de ces destinées transparentes... me cause une grande émotion. Je me sens à la fois heureuse et triste. Triste par ce sentiment naturel qui déteste

la privation et qui aimerait mieux supporter les
inquiétudes accompagnant les biens de ce monde,
en comptant parmi eux les enfants et la fortune;
heureuse par ce sentiment plus vrai, satisfait
d'être libre de liens qui nous attachent à la terre
que nous quitterons si tôt et à laquelle nous nous
accrochons trop fortement, même quand nous
avons été privés de ce qui resserre le plus ces
liens. Oh ! chère et vraie liberté de l'esprit et du
cœur, puisse-t-elle croître en moi !... »

Même avant d'avoir atteint ce degré de détachement, Mme Craven osait rarement exprimer la
douleur que lui causait l'absence d'héritiers
de son sang et de sa pensée ; plus volontiers
elle parle de ses soucis pour l'avenir de son mari.
« Il y a *deux* bénédictions que Dieu ne m'a pas
accordées, et cependant le bonheur de ma vie est
en question. Un autre échec aux espérances de
mon mari, le dernier et le plus grand, ramènera
cette sombre tristesse dont l'idée seule me terrifie.
Elle obscurcira notre vie, et l'inaction causera
l'éclipse totale de mon soleil, éclipse qui ne m'est
pas inconnue et pendant laquelle je vis et j'agis
comme dans un rêve pénible. Cette perspective
n'est pas faite pour me ranimer, et je n'ai jamais
été moins disposée à voir mon mari malheureux. »

Déjà, quatre ans plus tôt, elle avait écrit :

« Auguste est en quelque sorte attaché (tempo-
rairement) à la légation napolitaine ; si cela
pouvait être un retour vers son ancienne occupation, je m'en réjouirais ! Mais j'ai complètement
perdu la puissance d'espérer sur ce point, et, le
succès étant pour moi une chose absolument
inconnue, je ne puis croire à sa possibilité... »

Cependant, en 1856, M. Craven se reprend à
avoir confiance et sa femme essaye d'agir en
Angleterre ; mais, dit-elle : « Il y a toujours une
barrière inébranlable au delà de laquelle je ne
peux espérer aucune sympathie, et je n'y ai pas
un ami qui veuille ou puisse m'aider dans le but
qui me tient au cœur. Tout cela, malgré la bonté,
je pourrais dire la flatterie que je rencontre, finit
par me refroidir et par m'irriter. »

M. Craven revient en Angleterre et l'on vit
dans l'attente. Mme. Craven, toujours anxieuse
du repos, décrit en termes pittoresques cette
étape de sa route : « Je crois être assise dans
une chambre dont la porte est ouverte : on
ne peut s'y sentir en paix. Comment y serais-je
avec cette porte ouverte dans ma vie, et par
laquelle peuvent entrer des combinaisons de
toutes sortes ? »

C'est encore l'échec qui franchit le seuil de cette
porte. Mme Craven est seule en France pour sup-

porter l'épreuve, mais l'absence de son mari lui dicte ces lignes : « Par mon ardent désir de le revoir, j'ai compris quelle sécurité je trouvais dans son affection, le soutien, l'aide, la consolation qu'il y a pour moi en lui... Dans ces jours où le nuage descend sur lui et me cache mon soleil, il m'aime comme personne ne m'aime. Je n'ai pas de plus cher ami qui me soit plus nécessaire ou plus indispensable, et qui mérite autant ma confiance. »

La France fut consolatrice pour Mme Craven en lui apportant une nouvelle révélation de la puissance du catholicisme dans notre pays. Un sermon du **P. Félix**, entendu à Notre-Dame, et le spectacle d'un auditoire de cinq mille hommes émurent cette âme toujours si française :

« Les hommes de Paris ! si puissants pour le bien comme pour le mal ! Quand je me rappelle ce que sont leurs voix (chantant le *Parce Domine*) que j'ai entendues, je ne puis m'empêcher de me joindre à eux avec confiance, espérance et foi dans l'avenir de notre patrie malade et troublée, si pleine encore de la sève vigoureuse par laquelle la prospérité nationale peut toujours revivre.

« En me rappelant cela, je sens que j'aime la France et que je lui appartiens toujours. Dans aucun autre pays, on n'est aussi heureux, aussi pur, aussi plein d'énergie en présence du mal. On le combat de près, sans le déguiser sous les noms spécieux, sans lui céder. Les mots oubli de soi et dévouement sont employés dans un sens plus profond et plus élevé qu'ailleurs. **Je** suis la compatriote et la sœur de ces Français. Sans doute, ils n'étaient pas la majorité dans cette Eglise, mais ils étaient cependant beaucoup plus nombreux que les dix justes qui auraient suffi pour sauver une nation. Dieu seul connaît leur nombre... Quant aux frivoles et aux mondains, je crois qu'ils sont inférieurs à tous leurs pareils sur la terre. Malgré ses défauts, *Paris reste un endroit délicieux*, et je crois que, dans cette longue carrière, — c'est la *seule ville qui me convienne entièrement*. Que n'a-t-on pas dit pour me le persuader ! Ma vanité et mon orgueil ont de quoi se nourrir dans ce que j'ai entendu à ce sujet pendant ce court séjour. Heureusement que je ne manque pas d'antidotes quand je pense aux grands contrastes de mon existence. Je parais avoir plus d'amis que personne, inspirer une sympathie générale, et je sais qu'il en est ainsi, et ma mémoire me fournit une longue liste de noms quand je pense à tous ceux valant la peine d'être connus que je pourrais facilement réunir autour de moi.

« J'aime quelques amis chers et intimes, et j'en suis cordialement aimée, et pourtant, malgré cela, peu de vies sont plus réellement solitaires que la mienne... Je suis convaincu que ma solitude n'est pas mauvaise pour moi, bien qu'elle soit extrêmement pénible à cause de ma longue habitude d'ouvrir mon cœur, et du besoin que j'en ai. C'est peut-être dans ce chagrin même, dans toutes ses causes et ses résultats que se trouve ma véritable chance de salut. »

Néanmoins un événement cruel fit ajourner le projet d'un séjour prolongé en France. Mme Craven reçut à Paris le dernier soupir de Mme Swetchine, de celle dont elle disait : « Mère, sœur, amie, elle était tout pour moi. » Il y avait une relation parfaite, un heureux rapprochement de qualités diverses entre ces deux âmes. Mme Swetchine admirait les élans de Mme Craven, et celle-ci trouvait, en quelque sorte, une grâce sanctifiante dans la sagesse, l'austérité même des conseils de Mme Swetchine, dans la simplicité, toujours humble et précise, de sa doctrine, dans l'exactitude de sa psychologie.

Mme Swetchine, après avoir lu le manuscrit du *Récit d'une Sœur*, écrivait à l'auteur : « Chère Madame, veuillez prendre cette grande bonté que vous avez eue, pour une date que j'inscris et qui ne s'effacera plus ; si j'osais, je dirais qu'elle vous engage, car je crois fermement aux devoirs contractés envers ceux pour lesquels on a beaucoup fait. » Ce fut, en effet, la date d'une amitié trop brève, — de cinq années seulement, — mais qui fut intégrale et qui laissa chez la survivante des deux amies, d'impérissables souvenirs de reconnaissance et de direction morale.

A la suite d'une entrevue avec Mme Swetchine, Mme Craven analysait ainsi l'émotion de sa conscience : « Cette journée m'a été utile comme toujours, plus même qu'à l'ordinaire. J'en ai rapporté, je l'espère, une ferme résolution. Je suis convaincue que le progrès qu'elle désire me voir faire est absolument nécessaire à mon âme... Tout ce qu'elle m'a dit a confirmé l'impression produite par le manuscrit du P. Gratry. Il m'a parlé dans le même sens, et, sans savoir ce qu'elle m'a dit, il m'a répété presque les mêmes paroles. »

Cette direction ne manquait pas de sévérité et, précisément par là, elle ajoutait à ce que les affections anciennes avaient donné d'extrême douceur à une âme peut-être trop sensible. En rappelant les détails de cette intimité, Mme Craven en précise bien le caractère :

« Il vous faut l'assiette dans le repos intérieur »,

me disait Mme Swetchine ; « Vous souffrez parce que *vous manquez de calme.* » Quelquefois je sanglotais en l'écoutant et je la regardais avec une muette supplication pour qu'elle me consolât d'une manière différente : comme je me rappelle son doux sourire dans de pareils moments !... Ni ma mère que j'aimais si tendrement, ni mes sœurs auxquelles mon cœur était ouvert, n'avaient su y lire comme elle. Je ne voulais pas faire appel à leur affection trop prompte à sympathiser avec mes chagrins et à m'excuser. Je sentais que leur tendresse m'eût affaiblie, et j'avais besoin de force. Pour cette raison, ma chère amie pouvait m'aider plus que toute autre, car, aussi tendre que fût son affection pour moi, je ne craignais pas sa faiblesse... Un soir, elle me dit : « Vous me regardez avec vos grands yeux suppliants comme si je vous avais dit quelque chose de très cruel. Cependant, c'est la vérité, croyez-moi. Naturellement, je désire ardemment pour vous toute sorte d'aide extérieure, pour la tranquillité de votre existence ; mais que vous obteniez ceci ou cela, il y a une *stabilité intérieure* que vous devez acquérir. »

Mme Swetchine était presque une *maîtresse des novices* : sa perspicacité dégageait tout élément humain des plus hautes aspirations et précisait sans pitié les exigences de la discipline morale. Mais son commandement était délicat et son *joug léger*.

Aussi lorsque la mort interrompit ces communications presque sacrées, quelle détresse, mais aussi quelle spiritualité d'affection s'exhale ! « Mme Swetchine est mourante... Mon âme, mon cœur, mon intelligence étaient satisfaits. Quand j'étais près d'elle ils étaient en paix. » « Que vous êtes résignée ! lui disais-je une fois, pendant une longue journée que j'avais passée avec elle. » Ne vous servez pas de cette expression, me répondit-elle, je n'aime pas le mot *résignation* qui signifie que nous voulons une chose et que nous la sacrifions à une autre que Dieu veut. Cela implique une double action de la volonté que je ne comprends pas. N'est-il pas plus simple et plus raisonnable de n'avoir soi-même d'autre volonté que celle de Dieu ? »

Un tel brisement d'âme devait rendre, pour quelque temps au moins, la résidence à Paris pénible pour Me Craven : en effet celle-ci voulut, par une sorte de répulsion physique, fuir le lieu de la douleur. Mais où aller ? Londres avivait pour M. Craven le souvenir des espoirs contrariés : il y constatait plus qu'ailleurs l'impuissance de cette inaction à laquelle il ne pouvait se résigner.

Voir, ainsi qu'il arriva, en entendant le récit de
certaine discussion parlementaire, son mari
verser des larmes de regret, était un supplice
pour la femme aimante. Dès lors, il convenait de
retourner à Naples : on était sûr, du moins, d'y
retrouver la tendresse de la duchesse Ravaschieri
et de sa fille, — et aussi les souvenirs de jeunesse...

Les souvenirs, la mémoire des êtres et des
jours aimés, n'était-ce pas la vraie patrie où se
complaisait l'anxiété douloureuse de Pauline ?
Sur le chemin du retour à Naples, elle revoit
les « fragments brisés » de sa vie ; elle dé-
nombre les amitiés qui se sont succédé presque
étrangères et inconnues les unes aux autres, les
lieux abandonnés au gré des événements et où
elle ne retrouve plus aucune trace du passé,
« excepté quelques restes semblables aux ruines
d'un monument détruit », et elle conclut : « Je
ne connais que la fatigue du changement... Dans
les belles années disparues, je vois autour de
moi des visages bien-aimés. Mon cœur brûle et
se fond au dedans de moi-même quand je puis
échapper au présent et rappeler leurs voix loin-
taines... J'ai toujours eu un amour passionné
pour les souvenirs et senti le besoin de relier le
passé et le présent. »

Cette fois, à Naples, elle trouva la douceur de vivre, peut-être dans une certaine somnolence de la pensée. Elle se laissa reprendre au cours banal de la vie, souhaitant surtout ce qui pouvait donner à M. Craven l'illusion de l'activité. — Un séjour à Rome pendant la Semaine sainte, un autre dans les montagnes de la Cava lui procurèrent de fortes impressions qu'elle rappelle en deux chapitres des *Réminiscences*.

Mais voici que la mort de Lina, cette fille de la duchesse Ravaschieri que Mme Craven avait faite presque sienne, raviva les douleurs anciennes en y ajoutant une nouvelle souffrance. Sous l'étreinte de cette mort, l'âme se troubla et parut, un instant, s'affaisser. Plus tard, en diverses pages, particulièrement dans les *Réminiscences*, Mme Craven devait célébrer la vertu et la grâce de cette enfant, traduire les *Souvenirs* rédigés par la mère et enchâsser dans la mémoire publique, comme elle l'avait fait dans son propre cœur, ce joyau d'un éclat si pur et si vif. Mais aux jours mêmes de la séparation (septembre 1860), elle confiait à ses *Méditations* : « Ah ! chère petite âme bénie, réunie en ce moment et pour toujours à ceux qui me furent le plus chers sur la terre, de quel œil dois-tu regarder avec eux les tourments que me causent mon ignorance et ma faiblesse ! »

Après avoir consolé, par un séjour à Florence, la duchesse Ravaschieri, Mme Craven revint à Naples. Là les violences de la politique l'attendaient. Nous avons dit quelles généreuses mais audacieuses illusions la passion pour la liberté inspirait alors à cet esprit intransigeant à la fois dans l'ultramontanisme et dans le respect des volontés populaires. Malgré cette contradiction de principes, Mme Craven concluait, avec le P. Ventura, qu'il fallait espérer pour la nouvelle Italie « le pardon et le baptême de l'Eglise ». Mais cet espoir n'allait pas sans le démenti des événements.

Cependant le séjour à Naples, si inquiétant et troublant, s'imposait. M. Craven, avec son beau-frère Charles de la Ferronnays, préparait la création de chemins de fer dans l'Italie méridionale. Mandataire de grands capitalistes, il voyait sans doute en cette affaire un but lucratif, mais aussi il souhaitait de procurer un abondant travail, de produire la richesse économique dans une région qui en était dépourvue. M. Craven voulait faire œuvre à la fois humanitaire et financière. Le résultat ne répondit pas à son désir. Le projet de captation d'une rivière qui devait alimenter Naples d'eau potable n'eut pas davantage de solution pratique. M. Craven n'était pas préparé à ce genre d'études techniques ; son activité, qui ne s'était jusqu'alors exercée que par les recherches littéraires et artistiques ou simplement dans les cercles mondains, ne pouvait s'improviser créatrice dans un ordre matériel tout spécial. Vraiment, M. Craven n'était pas un financier : on le voit bien encore par la générosité même avec laquelle il consentait des prêts trop importants et qui, à son grand détriment, devinrent des dons. Peut-être, en dernière analyse, M. Craven se livra-t-il à ces entreprises surtout par une inquiétude d'esprit qui lui faisait rechercher l'innovation et le changement dans sa vie désœuvrée, bref pour tromper le chagrin que lui causait une inaction prolongée, — cette inaction tant redoutée pour lui par sa femme !

Mais Mme Craven, portée cependant à s'enthousiasmer pour tout ce qui intéressait son mari, se faisait peu d'illusions. « La voie que nous suivons avec une anxiété fiévreuse, écrivait-elle, n'est point la nôtre, celle que nous avons suivie jusqu'à présent. Et je me demande quelquefois ce que nous trouverons au bout : la fortune ou la ruine. Nous étions faits pour la recherche d'un autre idéal, et les millions que l'on fait briller devant moi ne m'attirent pas. » En effet la ruine, — la ruine complète, — devait clore ces entreprises, mais dix années plus tard.

Jusqu'à cette époque, la vie de Mme Craven se partagea entre Castagneto où M. Craven avait fait construire une villa pittoresque et charmante, tout encombrée de livres de choix, favorable à l'étude, et des séjours à Rome, en France, en Angleterre. A Castagneto, M. et Mme Craven relisaient les lettres de Montalembert et de Mme Swetchine ; fortifiés, entraînés par cette lecture, ils invitaient leurs visiteurs à parcourir avec eux les sommets de la pensée. Puis ce fut la publication, après les hésitations que nous avons relatées, du *Récit d'une Sœur*, la préparation de quelques autres volumes. Mme Craven sortant du labeur prolongé et secret que lui avait coûté la rédaction des Souvenirs de famille, entrait, en quelque sorte officiellement, dans la carrière littéraire où elle rencontrait le succès le plus vif. Ce fut encore l'émotion des discussions doctrinales que couronna le concile. Mme Craven, nous l'avons vu, partagea et soutint l'opinion qui ne triompha pas, mais si elle fut, pendant le temps où cela était licite, conséquente avec les principes qui l'avaient constamment dirigée, elle se soumit, avec une égale logique, à la papauté dont elle entendait, avant toutes choses, demeurer la fille très respectueuse. On peut considérer **comme** le *mot de la fin* des hésitations de son esprit et des affirmations de sa foi cette conclusion, qu'elle signait en 1871 : « Je suis toujours plus calme et plus heureuse dans ma ferme adhésion aux décrets de l'Eglise. Je suis convaincue que le concile donnera d'autres explications, si elles sont nécessaires quand il se réunira de nouveau. *Pour ma part je n'en demande pas.* »

Cette période occupa si vivement, par la discussion des idées et par le travail littéraire, l'esprit de Mme Craven qu'elle sentit moins douloureusement la solitude du foyer sans enfants et la perte des êtres aimés, ou plutôt elle connut une résignation plus complète, avec de moindres accès d'inquiétude et de découragement. Il y eut en elle cette « stabilité morale » que lui souhaitait Mme Swetchine. Sans doute aussi, les conditions matérielles de son existence d'alors favorisèrent cet apaisement. Les voyages qu'elle fit, au cours de ces années, n'avaient qu'un but familial ou de piété ; ils répondaient à des satisfactions morales et ne dépendaient plus, comme ceux de jadis, de circonstances impérieuses ou pénibles. Mme Craven ne demandait alors à l'Italie, comme à la France et à l'Angleterre, que la continuation des habitudes, des relations qu'elle y

avait contractées : elle n'éprouvait plus de trouble sous le coup d'impressions contradictoires
suscitées par les hommes ou les lieux. C'était
déjà le calme, prélude de la sérénité des derniers jours.

Mais l'année 1870 fut aussi pour le foyer
napolitain « l'année terrible ». La ruine découvrit
de sombres perspectives.

M. Craven voulut régler ses pertes financières
avec une scrupuleuse délicatesse. Il quitta l'Italie sans y laisser la charge d'aucune dette, mais
il vendit la villa de Castagneto, séjour de paix et
d'amitié. Mme Craven vendit même ses diamants.
Ce fut pour elle un sensible sacrifice. Malgré son
abnégation, elle aimait tout ce qui orne la vie et
l'élève au-dessus de la vulgarité ; elle recherchait
les éléments humains de beauté et de distinction
qui forment à la pensée un cadre harmonieux.

Cependant, pas plus qu'au jour où la démission
du comte de la Ferronnays semblait briser sa propre jeunesse, elle ne s'appesantit sur le désastre de
fortune : elle ne livrait son cœur qu'aux douleurs
morales. A peine dans une lettre dit-elle : « Nous
avons éprouvé presque autant de chagrins et
d'anxiétés pour nous-mêmes que pour les malheurs
publics. Après le coup de tonnerre qui est tombé
sur moi, il me semble que je me suis trouvée

dans un tremblement de terre ou que j'ai fait naufrage. Telles sont mes impressions depuis le comment de cette épreuve. » Et dans une autre lettre : « Quand je serai partie (de Castagneto) je n'aurai plus de *home* nulle part pour longtemps. On croit ces épreuves plus dures à supporter dans la vieillesse que dans la jeunesse, mais je sens avec reconnaissance qu'il n'en est pas ainsi pour moi, et que je tiens moins que dans ma jeunesse à tout ce que j'aimais le plus. » Elle ne confia qu'à son Journal et à quelques amis intimes ce trouble de la nature en face de l'épreuve spéciale qui lui enseignait une nouvelle variété dans cette souffrance humaine dont elle croyait avoir épuisé l'étude.

La guerre franco-allemande frappait la patriote de blessures multiples : le sentiment national, le danger auquel étaient exposés tant de parents et d'amis, la douleur même de voir aux prises deux peuples qu'elle eût souhaité rencontrer unis dans la recherche du progrès intellectuel et économique, une répulsion instinctive pour la violence, la prévision des haines et des désordres qui succéderaient à cette guerre, — tout inspirait à Mme Craven une angoisse que ne tempérait pas, comme en certains esprits, l'enthousiasme guerrier ou l'illusion de l'espoir. Une consolation lui fut donnée : se dévouer aux blessés français que, en quittant l'Italie, elle rencontra à Rastadt. Elle comprit la joie, pour eux et pour elle-même, de leur adresser de douces paroles dans leur propre langue ; pour leur obtenir des secours elle intercéda près de ses amis en Angleterre et se fit quêteuse en même temps qu'ambulancière.

La conclusion de la paix lui affirma surtout la nécessité d'une rénovation morale de la France. Au cours de ces luttes, elle avait aperçu les causes de la catastrophe ; elle s'attachait à l'examen de la conscience du pays plus qu'aux projets téméraires et aux déclamations belliqueuses. « Nous nous abusons encore, disait-elle, nous demandons encore aux autres de nous abuser, nous tremblons de regarder en face la cause de nos malheurs. Aussi longtemps que cela durera, aussi longtemps qu'on ne pensera qu'à la haine et à la vengeance, aussi longtemps que nous ne chercherons qu'à punir nos vainqueurs au lieu de corriger ce qui leur a rendu la conquête possible, inévitable même, je n'oserai me laisser aller à cette espérance bénie que « c'est le commencement et non la fin (1) ».

(1) Son neveu, le comte de Mun, exprimait la même pensée

Lors donc que son neveu préféré, celui qu'a-
vec une émotion particulière elle appelait « le fils
d'Eugénie », le comte Albert de Mun, fonda l'œuvre des cercles catholiques d'ouvriers et entreprit
la campagne oratoire par laquelle il s'efforça de
rappeler la vertu sociale de l'Evangile, Mme Craven
se réjouit d'une joie presque maternelle. Elle
applaudissait à l'éloquence puissante qui exprimait ses propres pensées ; elle louait le but poursuivi. Peut-être estimait-elle un peu ardente cette
croisade nouvelle, comprenait-elle malaisément
« l'état d'âme » de l'ouvrier. Habituée aux spéculations de l'esprit et au pur apostolat doctrinal,
elle ignorait les procédés de pénétration dans les
milieux populaires. Cette fréquentation de jeunes
officiers parmi les travailleurs manuels, cette
affirmation chrétienne insolite, en face du scepti-
cisme et de la haine, l'étonnaient, mais elle en
comprenait la grandeur ; elle avouait appartenir à « une autre école », mais elle approu-

dans un discours prononcé à Lyon en 1872 : « La prière
et le repentir sont, à mes yeux, les deux premières et nécessaires conditions de notre salut...Cette amende honorable, les
catholiques seuls l'on faite et la font chaque jour, et voilà
pourquoi je dis que le vrai patriotisme est avec eux. Car
celui qui aime assez son pays pour pleurer sur ses erreurs
et travailler à sa conversion saura bien aussi trouver pour
lui, dans son cœur, l'ardeur du dévouement et l'énergie du
sacrifice. »

vait l'effort et ne désespérait pas du résultat.

A l'occasion de l'inauguration du cercle de Vaugirard, en janvier 1873, elle écrivait : « Albert de Mun a fait un beau discours. Je ne l'avais pas encore entendu parler en public. J'ai été saisie de son éloquence, émue par sa foi profonde, ravie de sa parole facile et brillante. » Elle sentait bien que l'âme ancestrale inspirait le chef nouveau, et, dans sa mémoire, des noms très doux s'associaient à celui du triomphateur : son sang, sa race, se glorifiaient encore une fois dans la lutte pour la foi. Lorsque le comte de Mun fut élu député en 1876, Mme Craven témoigne sa fierté des débuts parlementaires de son neveu : « Albert a eu un succès extraordinaire. Amis et ennemis s'accordent pour louer son premier discours. »

M. et Mme Craven cherchaient depuis quelques années à Paris, rue de Chaillot d'abord, rue de Miromesnil ensuite, un abri. Cet abri ne pouvait rappeler le charme des résidences de jadis. M. Craven en souffrait, pour sa femme surtout qu'il eût voulu voir entourée d'un luxe digne d'elle et menant un train de vie en rapport avec les relations qui lui demeuraient fidèles dans la disgrâce. Cependant cette existence, même restreinte, dépassait encore les limites de la prudence puisque la ruine s'aggravait. Mme Craven, si elle n'écrivait que selon son inspiration et la piété familiale ou amicale, connut cependant alors le souci des traités avec les éditeurs et dut se préoccuper de défendre ses intérêts littéraires. Souci nouveau pour elle et peu en harmonie avec le désintéressement de son caractère : elle l'accepta avec une simplicité charmante. Dans ses lettres intimes, elle parle de son zèle laborieux, sans exprimer ni plainte ni lassitude. Jamais d'ailleurs elle ne consentit à abaisser son talent à des expédients lucratifs qui eussent compromis la liberté de la composition. M. Craven, pour sa part, s'adonna à des traductions françaises ou anglaises. Et enfin il fallut vendre des tableaux précieux par les souvenirs de famille qui s'y attachaient autant que par leur valeur artistique, — vendre même des bibelots d'art.

Mme Craven s'élevait plus que jamais au-dessus des contingences de la vie. A Mrs Bishop elle répondait : « Vous désirez que je vous parle de moi, mais il vaut mieux ne pas le faire. C'est une mauvaise habitude dont je dois me débarrasser. Elle nuit certainement à cet état d'esprit (duquel Mme Swetchine était un saint et parfait exemple), exprimé par ce mot qu'elle a si parfaitement réalisé : « Etre content de Dieu. » Tout ce qui gêne encore ma vie et l'agite me semble si entiè-

rement sa volonté que je dois le supporter tranquillement et me garde de désirer ce qu'évidemment je ne dois pas posséder. »

Cependant la communication intellectuelle avec
de hautes personnalités maintenait l'esprit de
Mme Craven dans le courant des idées mondiales
et éveillait sans cesse la curiosité de ses observa-
tions.

A plusieurs reprises, elle rencontra à Monabri,
en Suisse, l'impératrice d'Allemagne ; elle apprécia la bonne grâce et la vivacité d'intelligence
dont la souveraine témoignait dans l'intimité,
— qualités qu'à certains moments dissimulait
la contrainte officielle. Mme Craven fit une profonde impression sur l'impératrice qui, après
avoir admiré les livres, aimait à lire dans l'âme
même de l'auteur. La grande duchesse Constan-
tin de Russie voulait aussi aviver près de
Mme Craven l'émotion causée par la lecture du
Récit d'une Sœur. Le P. Hecker, le fondateur de
la congrégation Pauliste en Amérique, confiait à
cet esprit très large ses vues si personnelles et
commentait avec elle la formule qui résumait ses
projets : « Un nouvel ordre pour un temps nouveau. » Mgr Dupanloup était un commensal inter-
mittent, toujours fidèle à la vieille communauté
des sympathies. La famille de Montalembert

maintenait et fortifiait même les liens de confiante intimité que l'illustre chef catholique avait formés avec sa disciple préférée. Les Cochin, la duchesse de Galliera, la comtesse de Castellane, nièce de Talleyrand, lord Lyons, complétaient ce cercle d'élite.

Souvent aussi, et jusqu'à la dernière année de sa vie, Mme Craven reçut des visites qui lui parurent être presque des messages célestes : — c'étaient des visites de *lecteurs*. Des étrangers, des inconnus illustres ou modestes, venaient lui confier les émotions ressenties à la lecture de tel de ses livres, particulièrement du *Récit*, lui indiquer les fruits de conversion, de consolation produits par sa propre pensée et par celle de ses héros. Ces entretiens, comme aussi la correspondance qui les précédait ou qui les suivait, étaient pour Mme Craven la preuve de l'action terrestre exercée par les âmes qu'elle avait révélées au public ; elle se réjouissait d'avoir ainsi mis en contact les puissants du ciel avec les faibles de ce monde.

L'expulsion des religieux, en 1880, l'indigna : sa conscience et ses affections en étaient blessées, et toutes ses conceptions politiques heurtées. Elle n'avait témoigné d'hostilité de parti pris contre aucun gouvernement en

France : le règne de Louis-Philippe, le second empire, les programmes des légitimistes et des orléanistes lui avaient successivement inspiré des critiques de détail et aussi des appréciations conciliantes. Mais elle avait l'horreur de la tyrannie, — de toute tyrannie, et particulièrement de celle qui atteint les croyances religieuses. De voir des chapelles fermées, des prêtres dispersés au nom de la loi, lui était un spectacle odieux et presque inexplicable. Les mouvements populaires italiens l'avaient intéressée jadis, et même imprudemment passionnée : c'est qu'elle les estimait suscités par une pensée nationale et qu'elle croyait à la sincérité des revendications dites libérales. Elle excusait alors l'emploi de la force par amour de la cause. Cette illusion n'existait pas en 1880 : le gouvernement qui prétendait être l'expression de la volonté populaire lui apparaissait plus exactement comme l'agent de l'oligarchie maçonnique. Il n'y avait plus en jeu que des haines inintelligentes, de basses flatteries à l'adresse de la plèbe, la négation de tout idéal chrétien, et la libérale qu'était Mme Craven n'entendait pas ainsi les droits du peuple. La grossièreté d'un certain personnel politique, la brutalité des actes de l'autorité achevaient de lui rendre antipathique l'ordre de choses nouveau. Cependant cette antipathie n'excluait pas de justes remarques. « Pour ma part, disait-elle, si la République (telle qu'elle est représentée au pouvoir par Gambetta et les hommes qu'il a mis au pouvoir) n'avait pas outragé mes plus chers sentiments, tellement troublé ma vie de tous les jours, tellement tourmenté les riches et les pauvres aussi bien que moi-même, par la plus révoltante et la plus insensée des persécutions, je crois qu'elle aurait pu connaître de longs jours de vie et de paix. Je n'aurais pas fait un pas pour les troubler. Et beaucoup de gens dans ces « vieux partis » constamment tourmentés eussent éprouvé les mêmes impressions que moi. »

L'expulsion des princes d'Orléans l'indigna ; elle conçut alors un désir plus vif, — mais non pas l'espoir, — d'une restauration monarchique.

L'approbation donnée par les radicaux anglais à la politique intérieure de la France la scandalisait : elle était si habituée à considérer l'opinion en Angleterre comme la régulatrice de la sagesse internationale ! Elle ne pouvait croire que la prudente et traditionnaliste Angleterre commençât à éprouver — certes à un faible degré — l'ébranlement moral qui agitait la France.

Mais tandis qu'elle protestait avec une si juste

véhémence contre la persécution religieuse en France, Mme Craven était-elle logique en blâmant cruellement, à la même époque, les Irlandais qui luttaient pour la foi et la liberté (1) ? Nous l'avons dit, l'illusion de Mme Craven fut extrême sur ce point : son esprit, d'ordinaire si indépendant, s'était trop façonné à l'opinion qui régnait dans les salons anglais ; pour elle, la puissance de la Grande-Bretagne résidait dans la constitution politique de ce pays et la hiérarchie des Land-lords qui en est l'un des éléments. Toute atteinte portée contre ces deux forces lui paraissait être anarchique, quel que fût le motif invoqué. Une vue du *droit* plus complète ou moins troublée par de longs préjugés eût dû lui montrer que si les procédés auxquels recouraient les Irlandais étaient trop souvent blâmables, cependant les catholiques de France avaient des leçons de vaillance à recevoir de leurs frères d'Irlande : la persécution, tout en se modifiant selon les régimes et les nations, appelle toujours et partout le devoir de la résistance.

Mme Craven approuvait d'ailleurs, avec un

____

(1) Cependant cette colère contre les Irlandais n'allait pas sans quelques scrupules. « Je commence à détester les Irlandais, *ce qui me met tout à fait mal à l'aise* », avoue Mme Craven.

sens très large, toute entreprise destinée à christianiser la masse populaire en France et conséquemment toute organisation de résistance au socialisme. Sans doute, elle n'avait pas de conceptions sociales très précises. Elle avait vécu sa jeunesse dans un milieu qui s'intéressait à d'autres problèmes ; elle pratiquait la charité et le dévouement à l'égard des humbles avec une inlassable générosité, mais en quelque sorte à titre individuel. Les relations à établir entre les diverses classes de la nation au point de vue économique ne sollicitèrent pas la curiosité de son esprit à l'époque où elle faisait l'éducation de cette curiosité. Néanmoins elle louait l'œuvre des cercles catholiques :

« Quant à l'importance du but, à l'utilité de se dévouer à son étude et au soulagement de tous les malheureux dans la classe ouvrière, etc., il ne peut y avoir deux opinions. Même s'ils se trompent, même s'ils échouent [les fondateurs de l'œuvre des cercles], leur existence n'aura pas été inutile. » Et quand elle parlait de la correspondance que le comte Albert de Mun entretenait avec elle (en 1884), elle s'en exprimait avec joie et gratitude : tout élan de la pensée au delà des mesquines préoccupations la séduisait. Comment d'ailleurs n'eût-elle pas fait sienne la formule que proposait le comte de Mun : « Notre œuvre est véritablement une œuvre sociale et patriotique parce qu'elle est catholique, ou, en d'autres termes, le catholicisme est, à ces deux points de vue, une nécessité de l'heure présente. »

Jusqu'à un âge avancé, M. Craven jouit d'une santé robuste. Chaque année, il faisait un séjour en Angleterre, et la terre natale exerçait sur lui un tel attrait que, malgré bien des circonstances hostiles, il songeait encore à y vivre ses derniers jours. Le travail intellectuel lui demeurait facile : la *Vie du prince Consort* venait d'obtenir un succès très marqué ; la presse française et étrangère louait le livre sans restriction ; la reine Victoria exprimait dans une lettre autographe des remercîments empreints d'une touchante cordialité. Cette vigueur du corps et de l'esprit pouvait faire illusion sur le nombre accru des années. Il semblait que l'intimité augmentât entre les deux vieillards, qui mettaient de plus en plus en commun leurs sentiments de piété, leurs préoccupations intellectuelles, et qu'il en résultât un rajeunissement de leurs cœurs. C'étaient deux fleuves qui, voisins dès leur source, confondaient leurs eaux à l'approche de l'Océan infini.

Un premier avertissement vint, au mois de mars 1883, inquiéter ce paisible bonheur.

« J'ai eu hier, écrit Mme Craven, un véritable moment d'angoisse. C'est fini, et je crois que c'é-tait vraiment moins grave que je ne l'ai craint. On aurait dit que sa jambe gauche se paralysait.

« Il est tout à fait bien, Dieu merci ! Mais il a dû rester couché deux jours, ce qui ne lui était jamais arrivé depuis quarante-neuf ans que nous sommes mariés. Je me suis souvenue tout à coup avec un grand saisissement qu'il a deux ans de plus que moi. Sa bonne santé et son aspect me l'avaient fait oublier. Je croyais être seule à vieillir. Des craintes que je n'avais jamais eues m'ont traversé l'esprit, et ma paix en a été trou-blée plus que de raison... »

Au mois de juillet, un nouvel accident se pro-duisit, mais les conséquences en furent brèves. M. Craven, confiant en sa robuste constitution, décida de partir pour la Suisse, et de recevoir à Monabri, près de Lausanne, l'hospitalité que si souvent la princesse Wittgenstein y avait offerte à son amie : Mme Craven se plaisait très parti-culièrement à ce foyer, et ce fut sans doute le motif qui détermina M. Craven.

Le 22 août, la crise finale éclata. Mme Craven écrit dans son *Journal* : « Il y a aujourd'hui cinquante ans que nous sommes mariés. Nous voulions célébrer nos noces d'or en communiant ensemble. Cela paraissait aussi facile à faire qu'à projeter il y a huit jours. Le 21, mon cher Auguste se portait bien, et je n'avais aucune inquiétude à son sujet, en dehors de celle qui est toujours présente depuis le mois de janvier. Mais le 22, une nouvelle crise plus sérieuse est venue renouveler toutes mes terreurs... »

Jusqu'au 4 octobre, le malade languit. Il rassemble, dans ces derniers jours, toute sa foi chrétienne, son amour pour sa femme, et en redit sans cesse les formules touchantes : « Chère, très chère, je ne regrette qu'une chose sur la terre, c'est de vous quitter. » Mais il ajoute : « Dieu sait mieux que nous, il fait tout bien. » Et encore il répète constamment : « Tout est bien, ne trouvons de défaut à rien. » Pendant ces semaines d'angoisse physique, il voulait toujours présents à ses côtés sa femme et le crucifix ; il réclamait des lectures pieuses, des entretiens d'un sens surnaturel. Ses dernières paroles furent adressées à sa femme, suprême remerciement humain, abandon à Dieu : « Que Dieu vous bénisse, chérie ! »

Mme Craven connut alors une conséquence de la douleur qu'elle avait précédemment ignorée :

la dépression des forces physiques, la fatigue presque intolérable. Elle craignait que cet épuisement, dû à la vieillesse, n'infirmât la force morale ; elle imputait à l'esprit ce qui ne dépendait que du corps.

Cependant elle écrit : « Ce qui se passe dans l'âme à de pareilles heures ne peut se décrire. Les mots qui exprimeraient de telles profondeurs de sentiments n'existent pas dans notre pauvre langue humaine. Quel mystère dans cette force même qui nous aide à traverser de semblables abîmes ! Quand cette horrible crainte est réalisée, quand la mort écrasante et irréparable est là, une paix inexprimable, une certitude que le bonheur entièrement perdu triomphe quelque part, remplissent le cœur, et ces moments horribles contiennent le germe et la promesse de ce bonheur... Pendant tout ce premier terrible jour, n'ai-je pas constamment entendu au fond de mon cœur la voix de Dieu qui me disait : « Que m'avais-tu demandé ? Te l'ai-je accordé, oui ou non ?... » Oui, oui, mon père et mon Dieu, je ne vous ai demandé qu'une chose pour lui : la grâce, la foi et la paix jusqu'à la fin. Vous m'avez entendue et je vous remercie à genoux. Je sens cette grâce infinie descendue sur nous. Je veux tout souffrir et tout accepter... Cher, cher ami, toutes les paroles que vous m'avez dites ne sont-elles pas une preuve de votre amour, de votre courage, de votre résignation et de votre foi ? »

Le *Memento* mortuaire que Mme Craven distribua à ses amis, représente sainte Monique et saint Augustin conversant sur le rivage d'Ostie. Saint Augustin était le patron de M. Craven, et le choix du sujet s'explique naturellement, mais on peut voir encore en cette image le symbole des âmes de ces époux dont l'une attira l'autre à la foi et qui, pendant cinquante années, aimèrent à contempler ensemble les horizons de l'éternité.

CHAPITRE VIII

Pendant les heures qui précèdent immédiate-
ment la mort, la créature humaine subit, d'ordinaire, par l'atonie des sens, une sorte de claus-
tration : privé des moyens de communication avec
le monde extérieur, l'esprit s'absorbe plus librement dans les conceptions immatérielles. L'âme
se dégage, avec un moindre effort, du corps qui
déjà ne lui obéit plus. Cet état intermédiaire entre
la vie normale et la mort est une période de
recueillement voulue par Dieu.

Les dernières années de Mme Craven connurent
cette austère faveur de la Providence. Mme Craven avait trouvé le mérite dans l'activité de la
vie ; elle rencontra la sainteté dans l'isolement
et le silence que lui imposèrent la perte des
affections et l'épreuve d'une étrange maladie.
L'entretien avec Dieu ne fut plus troublé par les

échos terrestres avant de s'achever dans le can-
tique éternel.

Le retour à Paris fut pour Mme Craven la révélation brutale d'une existence nouvelle. Dans
l'appartement de la rue Barbet-de-Jouy, elle fut
reçue par la solitude, là même où elle avait vécu
dans une heureuse intimité conjugale. Elle dut
aussi se préoccuper d'intérêts financiers dont elle
ne possédait pas la connaissance complète : la
certitude que la rente héritée de la Margravine
d'Anspach serait maintenue au profit du survivant
mit fin à cette inquiétude. Mais demeurer dans le
cadre familier sans y rencontrer le visage aimé,
chercher en vain au foyer l'interlocuteur des
pensées intimes, fut alors au-dessus des forces
de la veuve : elle alla chercher un refuge provi-
soire parmi quelques affections fidèles.

Lorsque l'apaisement commença à se faire, la
souffrance physique survint. Mme Craven l'avait
toujours redoutée avec une sorte d'effroi ner-
veux. Cependant, après l'intervention chirurgicale
que nécessita un accident subit, elle confiait à
Mrs Bishops :

« J'ai vu la mort de bien près, tout à coup, au
milieu de la nuit, et d'une façon terrible, quand
j'étais absolument seule. Lorsque je pourrai tout
vous dire, vous comprendrez que tout était com-

biné pour épouvanter une personne aussi lâche
que moi, et qui a frissonné de tout temps à la seule
pensée d'une opération. Mais la main ferme et
bien-aimée de Notre-Seigneur m'a tellement sou-
tenue que j'ai pu voir tranquillement ce qui se
préparait. Je répétais intérieurement : « Cher
Seigneur, je suis toute seule, aidez-moi. » Et il
répondait si clairement : « Je suis là, sois tranquille, laisse-toi faire... » Quand tout a été fini et
que je suis revenue à moi, je n'avais pas eu un
instant de frayeur. On me disait que j'avais été
très courageuse, et toutes sortes de sottises. Mais
j'étais remplie de joie à la pensée de ma propre
faiblesse, parce qu'elle m'avait fait sentir et comprendre qu'une main douce et ferme qui tenait la
mienne avait été toute ma force. »

Mme Craven reprit quelque énergie physique.
Elle s'en alarma presque : « Cette sensation de
retour à la vie me fait éprouver une grande
reconnaissance, mais elle me fait comprendre, —
et très péniblement, que peu de choses m'attachent encore à l'existence. C'est même une aide
au *détachement* que d'avoir recouvré la faculté
de penser. Cependant le plus parfait eût été
d'accepter l'impuissance, l'inaction côtoyant la
faiblesse d'esprit momentanée. Mais que cette
soumission est difficile, même quand on lit et

relit son *abandon à la divine Providence*, et qu'on espère en acquérir un peu ! »

Cette possibilité d'activité était un appel au travail. Mme Craven voulut terminer, pour obéir au désir que lui avait souvent exprimé son mari, le dernier de ses romans, *Le Valbriant* (1). Puis elle paya le tribut du cœur et de l'admiration à une mémoire très aimée, en même temps qu'elle apporta quelque consolation à M. Fullerton qui voulait confier le soin de cette mémoire à la plume la plus autorisée : elle consentit à écrire la vie de Lady Georgiana Fullerton (2). Cette décision, courageuse à cet âge, la conduisit en Angleterre où elle devait trouver les documents nécessaires. Ce

---

(1) Lady Herbert traduisit aussitôt en anglais *Le Valbriant*. Mais dans l'édition anglaise le titre du livre fut *Lucie*.

(2) Lady Georgiana Fullerton, sœur de Lord Granville, ancien ambassadeur à Paris, avait les vertus, la grâce et le talent d'une grande chrétienne, d'une femme du monde accomplie et de la femme de Lettres. Cette triple ressemblance avait formé une profonde amitié entre Mme Craven et Lady Fullerton. Mme Craven aimait à raconter un trait peu connu de la foi et de la charité chrétienne de son amie :

Un dimanche Lady Fullerton accosta dans les rues de Londres une balayeuse catholique et lui demanda pourquoi elle n'allait pas à la messe. — « Je n'en ai pas le temps », fut la réponse. Alors Lady Fullerton saisit le balai et tandis qu'elle envoyait la pauvre femme à l'église, se mit à balayer la rue.

fut son dernier voyage en ce pays qu'elle avait tant aimé. Elle eut bien le sentiment que cela aussi était une *fin*. La disparition de tant d'amitiés, des accidents de santé lui rappelèrent combien étaient éloignés, et sans retour, les jours de vie active qu'elle avait vécus en sa seconde patrie.

Mme Craven revint par la Belgique où elle retrouva la force de l'affection près de la duchesse d'Ursel, née de Mun.

A Paris c'est la solitude, mais aussi le travail très assidu pour la rédaction de la vie de Lady Fullerton. « J'ai été contente de rentrer chez moi, bien que ce retour soit toujours pénible. Il faut du temps aussi pour s'habituer au silence de cette maison vide et à la solitude complète... Je ne sors à peu près jamais, je ne vois à peu près personne, et cependant mon temps est dévoré sans qu'il me soit possible de me rappeler à la fin de la journée de quoi il a été rempli. Il faut pourtant donc, comme justification réelle, que je travaille maintenant le plus que je puis à ce dernier ouvrage de ma vie que j'ai hâte de poursuivre, puisque Dieu m'en laisse le temps et les forces et que mes yeux ne me refusent pas encore leur service. »

Le seul bruit des conflits humains qui trouble

cette retraite est encore la question Irlandaise. Sur ce sujet Mme Craven retrouve toute sa verve de dialectique, elle a des ardeurs de polémiste redoutable : même Gladstone, qu'elle ne qualifie plus que « d'ami d'autrefois », n'échappe pas à ses indignations. Cette vivacité d'opinion, excusable puisqu'une entière bonne foi l'inspirait, était la seule survivance d'un caractère jadis passionné. La vertu, si haute soit-elle. ne doit pas d'ailleurs effacer la personnalité, démarquer l'originalité de l'esprit : le jugement demeure libre sur les contingences humaines. Et Mme Craven ne s'est pas diminuée en interrompant son colloque avec Dieu pour livrer quelques combats en faveur de la cause que préférait sa conscience.

De nouveaux accents de détresse se mêlèrent aussi à ce colloque. Le comte Robert de Mun mourut à Munich en 1887. Mme Craven avait pour les enfants de sa sœur Eugénie une particulière tendresse, et l'apostolat modeste, mais sagace, précis, inlassable, que le comte Robert de Mun exerçait aux côtés de son frère Albert dans l'œuvre des cercles catholiques d'ouvriers, ajoutait à cette tendresse la gratitude et l'admiration. Mme Craven voulut, dans une notice, saluer le départ de cette âme d'élection qui allait rejoindre tous les « saints » de la famille de la Ferronnays.

Dans sa correspondance elle dit : « J'ai eu jusqu'à la fin beaucoup d'espoir et la conviction très profonde (et bien souvent trompeuse), que c'était trop affreux pour arriver. Mais, hélas ! ce ne sont que des espérances et des calculs humains... Pour sa femme et pour ses enfants, pour son pauvre frère, c'est une perte irréparable, et je ne crois pas que son père lui survive. C'est le brisement final et soudain de ce cercle de famille, le plus heureux du monde, il y a seulement trois mois. Et je crois pouvoir dire que c'est un malheur pour toute la France catholique. Son travail était si actif, si persévérant, si généreux et si humble en même temps ! Il était tellement indifférent à la louange, si profondément heureux du succès d'Albert et de sa réputation !... C'est une horrible douleur, et je ne me sens pas encore calme et résignée comme je devrais l'être. » En présence de ce dernier deuil, — et après tant d'autres, — Mme Craven pouvait répéter le mot qu'elle inscrivait aux premières lignes de la vie de Lady Fullerton : « Vivre longtemps, c'est survivre. »

Quelques semaines plus tard l'affre de la solitude se trahit encore :

« Mon unique consolation, c'est que je me
porte assez bien pour travailler et que je ne
crains pas de rester seule. Les Montalembert
sont venus, et le nonce est encore ici, de sorte que
de temps en temps j'ai quelques visites agréables le soir. L'hiver est vraiment bien triste !
Les amis et les parents m'ont été enlevés si
rapidement, que j'éprouve une espèce de stupeur
de me voir encore sur la terre, moi la plus vieille
et la plus inutile de tous. »

En 1888, elle redit encore : « Bien des plaisirs
de mon existence sont finis. Les mots « jamais
plus » s'appliquent à la plupart d'entre eux, et dans
ma grande imperfection, je m'accroche d'autant
plus à ceux qui me restent. J'ai repris ma vie pari-
sienne accoutumée; des heures et des jours de
solitude et de silence... Un ami ou une amie qui
viendrait sûrement deux ou trois fois par semaine, voilà ce qui a toujours été le rêve que je
n'ai jamais pu réaliser, le soir en particulier, et
quand une petite conversation serait un si grand
soulagement pour les yeux. »

La conversation intime, tel était, en effet, le
vœu de Mme Craven, lorsque, victime de trop
fréquents voyages et d'un excès d'activité
mondaine, elle réclamait le repos et le calme
et cherchait à se *rassembler;* tel était encore le

souhait qu'elle formulait pour un motif contraire, dans le vide des dernières années. Echanger avec abandon des idées sur des sujets élevés fut le délassement de cet esprit éminemment sociable, le besoin de cette nature expansive : c'était une tendance d'âme à rechercher l'âme sœur pour l'aimer et se donner à elle, non pas le dilettantisme, la vaine curiosité intellectuelle tels qu'on les rencontrait dans les salons du xviiie siècle. Si les amis de Mme Craven furent nombreux et dévoués, cependant ils se trouvèrent tantôt égarés dans la foule, tantôt décimés par la mort ou écartés par les circonstances ; ils firent trop défaut à Mme Craven dans les derniers jours. Sa voix si douce et expressive, son regard si brillant, ne savaient, dans l'appartement désert de la rue Barbet de Jouy, à qui offrir la sympathie que jadis elle avait prodiguée. Mme Craven eut le droit d'écrire cette phrase si vraie de poésie et de sens religieux :

« *Maintenant la vie me produit l'effet d'une église brillamment éclairée dans laquelle on éteint successivement toutes les lumières excepté la lampe du sanctuaire, cette flamme qui heureusement demeure toujours.* »

Tandis que l'exposition universelle de 1889 emplissait Paris de fêtes et de tumulte, la solitaire se réfugiait dans la contemplation et la louange de la sainteté. Elle écrivit alors son testament littéraire, l'un de ses livres les plus émouvants : *La vie du P. Damien.*

« Quoique celui à la mémoire duquel je veux consacrer ces quelques pages fût un missionnaire catholique, de nationalité belge, et appartenant à un ordre religieux français, je ne vais invoquer, au début de ce travail, ni le témoignage de la Belgique, ni celui de la France, ni même celui de l'Eglise qui a béni son apostolat. Par une circonstance extraordinaire que la suite de ce récit fera connaître, la sainteté d'un prêtre catholique a conquis l'admiration d'un peuple étranger à sa nationalité et à sa foi, et la première acclamation qui ait fait retentir son nom avec éclat, s'est produite en Angleterre où catholiques et protestants se sont trouvés d'accord pour le saluer ensemble.

« *L'apôtre des lépreux de Molokaï, le P. Damien vient de mourir !...* Cette nouvelle parvint à Londres au commencement du mois de mai 1889, et elle suspendit pour un moment toutes les discussions qui passionnaient le public. De toutes les classes, de tous les rangs, de toutes les communions diverses, il s'éleva un cri de pitié et de regret et une acclamation unanime de respect et d'admiration que les journaux catholiques furent loin d'être les seuls à manifester (1)... »

C'est en ces termes que Mme Craven commence la biographie du P. Damien. Elle voulut donc que la France, patrie des missionnaires, inspiratrice d'héroïsmes, s'associât par une acclamation plus chaleureuse que toute autre à l'hommage universel. Peut-être encore désira-t-elle compléter par une dernière *manière* les divers modes de l'apostolat de sa plume. Jusqu'alors elle avait étudié les desseins providentiels dans la formation et la direction des âmes, indiqué les problèmes qui passionnent l'esprit ou le cœur. Maintenant, renonçant à la mystique et à la pure psychologie, elle ne considère plus que l'acte humain en sa simplicité et son efficacité. Elle s'émeut au spectacle de la charité fraternelle, de l'amour des humbles et des souffrants. Elle commente, par le récit, la parole du Maître : « *Il n'y a pas de plus grand amour que de donner sa vie pour ceux qu'on aime !* » A l'approche de la mort, même non héroïque, imposée par le nombre des années, elle sentait bien que le renoncement à la vie est l'acte suprême de la confiance en Dieu, et que cet acte, par quelque

____

(1) *Le P. Damien.* — Perrin, éditeur.

motif qu'il soit déterminé, est, en définitive, celui qui résume toute leçon de la foi. Et ce fut le testament de Mme Craven... La tragique vocation du P. Damien clôturait le cycle céleste du *Récit d'une Sœur*.

Encore une fois cependant Mme Craven voulut ajouter au culte de l'amitié et rappeler les enseignements d'outre-tombe. Elle commença une esquisse de la vie de son amie Miss O'Meara : un commerce épistolaire fréquent et intime lui avait appris à connaître le cœur tendre et ardent de cette femme de lettres, de cette Irlandaise qui « avait gardé toutes les amours et repoussé toutes les haines de sa patrie ». En louant Miss Katheleen O'Meara, Mme Craven voulait aussi redire les paroles consolatrices à la survivante des deux sœurs, Miss Geraldine. Ainsi le respect des morts, l'affection pour les survivants, le souci de l'édification, inspirèrent jusqu'en son suprême effort cette parfaite interprète des disparus. Mais la maladie et la mort brisèrent la plume qui ne connaissait pas le repos.

Dans une dernière retraite suivie au couvent du Sacré-Cœur, Mme Craven avait épuisé ses forces. L'accomplissement des pratiques de piété, les sorties matinales pour aller à la messe et surtout pour s'y rendre à jeun, exigeaient d'elle une énergie presque surhumaine dont ses amies, témoins de ces résistances de l'âme aux défaillances du corps, ont gardé un souvenir ému.

Au mois d'avril 1890, une paralysie partielle compliquée de désordres cardiaques, se produisit. Ce fut, pendant un an, une agonie qui, maintenant le corps dans l'impuissance, laissait toute lucidité à l'esprit. Mais cette lucidité même pouvait à peine se manifester. Un étrange embarras de la langue gènait la malade dans le choix même, plus encore que dans la prononciation, des mots ; sa conversation devenait confuse et presque incompréhensible. Le geste était incertain. Et de voir cette femme naguère si précise et brillante dans l'expression rapide des idées, réduite à ce bégaiement enfantin, offrait un douloureux spectacle. L'inexorable déchéance humaine ne pouvait apparaître en un plus affreux contraste.

Cependant l'intelligence veillait sur ces ruines et leur donnait, à quelques moments, un aspect tragique. Le regard toujours vivant marquait, par des alternances d'angoisse et de douceur infinie, la lutte contre l'insoumission des organes ou le sacrifice renouvelé à Dieu. Quelques heures de lecture, la présence des livres favoris sur le lit de la malade, de brèves indications pour la cor-

respondance, manifestaient que le monde intellectuel se fermerait le dernier à la vie extérieure
de Mme Craven.

Un séjour à Lumigny, pendant l'été, où
se révéla encore le constant dévouement du Marquis de Mun, sembla donner quelque espoir.
Mais au retour de l'hiver la situation empira
et un mutisme plus complet intercepta définitivement les communications de l'âme aimante
avec la tendresse des amis.

Le 1er avril 1891, Mme Craven, après avoir
donné dans la réception des derniers sacrements
un nouvel exemple de soumission et d'amour,
rendit à Dieu l'âme qui avait tant souffert, prié,
espéré (1). Ils étaient là sans doute, l'attendant
au seuil éternel, tous ceux dont le souvenir

(1) Mme Craven fut inhumée dans la chapelle de Boury.
Le château de Boury avait appartenu à la famille de la
Ferronnays, et Pauline aimait à parler des souvenirs de jeunesse qui se rattachaient au temps où, nombreuse, brillante
et joyeuse, sa famille animait cette résidence : — Le « cher
Boury », disait Pauline avec enthousiasme. Plus tard, sa
pensée se reportait mélancolique vers la chapelle funéraire
où tant de parents et M. Craven lui-même reposaient. Boury,
bien que n'étant demeuré que peu d'années aux mains des
la Ferronnays, se trouve associé au *Récit d'une Sœur* ; et
maintenant il garde, réunis dans la mort, ceux que l'affection
familiale assemblait dans le château. La propriété de
Boury appartient actuellement à la famille Zentz d'Alnois,
alliée au descendant des premiers propriétaires, le baron
de Boury.

l'avait accompagnée dans la vie et qu'elle avait loués pour mieux exalter en eux et par eux les miséricordes divines.

Le Vicomte de Meaux résume ainsi dans un article publié par le *Correspondant* les derniers jours de celle dont il sut si complètement apprécier l'amitié :

« Pendant dix mois d'intervalle entre sa vie et sa mort, ceux qui l'approchaient ont eu comme une vision du purgatoire ; elle en a longuement senti et comme savouré l'amertume. Souvent ses larmes coulaient, le chagrin se peignait sur son visage, mais jamais l'irritation ni la révolte. Déjà six ans auparavant, saisie au milieu de la nuit par un mal terrible et soudain, elle s'était comme vue mourir une première fois, puis elle s'était rétablie ; mais dans cette première rencontre avec la mort, elle avait appris à ne plus la craindre, et depuis lors elle la considéra comme une amie. Elle n'eut pas de peine à l'accueillir, elle l'appelait depuis longtemps lorsque arriva enfin le terme de son épreuve. Au moment où on l'avertit qu'elle allait recevoir les derniers sacrements, on entendit, en signe d'acquiescement, le doux gémissement devenu habituel sur ces lèvres se changer en une sorte de cri de joie. Quand la sainte hostie lui fut apportée, on vit son pauvre corps déjà presque entièrement inerte faire effort pour se soulever, ses yeux briller d'une dernière flamme. Tout était consommé pour elle. Peu d'heures après, paisiblement et sans secousse, elle rejoignit dans le sein de Dieu les êtres bons et charmants dont elle avait retracé l'histoire et rendu le souvenir ineffaçable.

Dans sa longue carrière elle a mené la vie du monde, la vie des lettres et la vie chrétienne, et dans ces trois vies si différentes elle a pareillement excellé ; rare exemple et peut-être inimitable d'une harmonie surnaturelle entre la beauté du corps, la beauté de l'esprit et la beauté de l'âme. »

A ceux mêmes qui, comme nous, n'ont connu Mme Craven que par l'expression écrite de sa pensée, il semble que l'*harmonie* fut, en effet, la caractéristique et réalisa l'unité de cette vie si diverse d'aspects. Harmonieuse en sa parole, en son attitude, en son style, Mme Craven eut l'harmonie des conceptions intellectuelles et morales. Ce fut un astre errant en différentes régions mais décrivant une courbe toujours harmonieuse.

Sanctifier l'amour, ennoblir l'amitié par la surnaturelle communion des âmes, s'intéresser aux questions dont dépend le sort moral des nations, rechercher avec confiance le seul dessein de

Dieu, ce fut tout l'effort de la pensée et de la volonté de Mme Craven. Et si cet effort est devenu, par l'influence mondaine et par la plume, un apostolat efficace, on doit reconnaître à Mme Craven le mérite d'avoir exercé l'apostolat précisément le plus nécessaire à un temps qui est menacé de la perte de tout idéal.

Certes Mme Craven fut une idéaliste ! Pour trouver l'idéal, elle le demanda à la source unique ; elle fut, — ainsi qu'elle le put voir figuré dans ces Catacombes romaines qu'elle aimait, — la colombe qui se désaltère au calice, l'âme qui ne cherche qu'en Dieu la vérité, la justice et l'amour.

Table des Matières